中国优秀传统文化丛书

忠孝节勇和

席涛　主编

合肥工业大学出版社

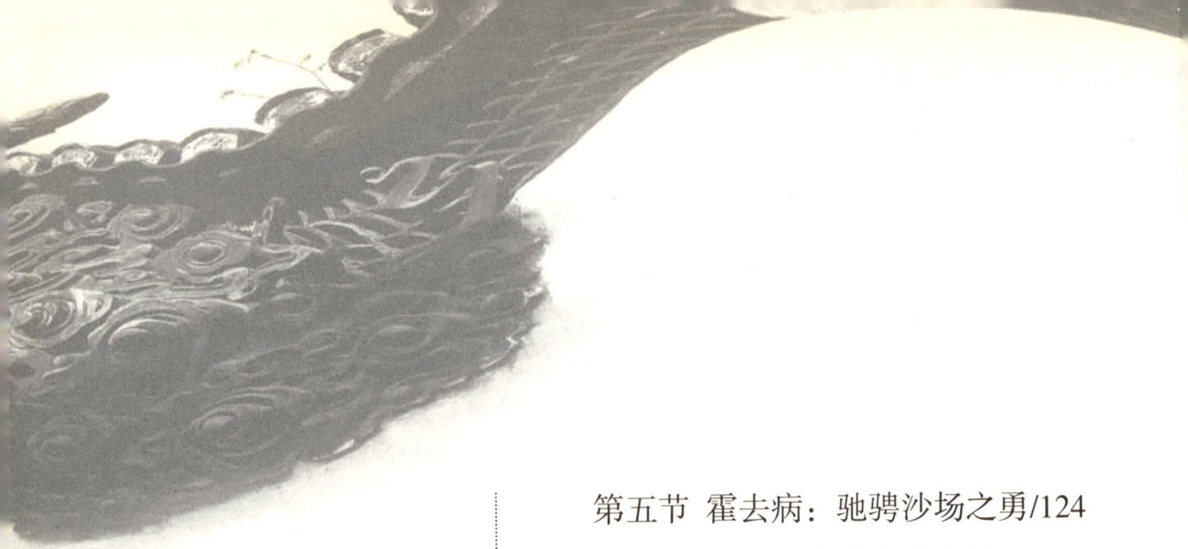

忠孝节勇和

后中国历代儒家学者所倡导的“五德”说。宋元时期，人们在管子的“礼、义、廉、耻”学说上，配以“孝、悌、忠、信”，就成了“孝悌忠信，礼义廉耻”之“八德”。这些道德规范渗透到社会生活的各个领域，形成中国封建社会道德的纲目、道德规范体系，充分地反映了中华民族在人类道德文明上的智慧和贡献。到了清末，随着西方强势文化对于中国弱势文化的冲击，康有为、梁启超、孙中山都意识到德治是中国的特色，只要推陈出新，就能够建构中国的新道德。梁启超等维新派，试图以“孝、悌、忠、信”这“四德”为基础，吸收西方近代道德精华，建构中国新道德。孙中山、蔡元培等提出了“忠、孝、仁、爱、信、义、和、平”新“八德”，这是“中体西用”的道德融合。1992年，张岱年先生在当年《道德与文明》第3期上发表文章，在总结传统道德规范的基础上，又提出了中国传统伦理道德的9个主要规范：公忠、仁爱、诚信、廉耻、礼让、孝慈、勤俭、勇敢、刚直。凡此种种，提法不一，但都是适应各自时代发展要求而提出的说法。

现代人们一提起“五德”，通常便会想到“仁、义、礼、智、信”这一传统说法。从《论语》、《礼记》等文献典籍记载来看，作为儒家学说的创始人，孔子讲“仁”，就是讲人与人的关系，讲人对人的爱，由对父母、兄弟、姐妹之爱，进而推及对他人之爱；孔子讲“义”，把“义”作为人生的终极目标和价值取向，提出了“仁义道德”、“仁至义尽”、“杀身成仁”、“舍生取义”的思想；孔子讲“礼”，主张“凡人之所以为人者，礼仪也”（《礼记·冠义》），把“礼”看成是治国安邦的根本；孔子讲“智”，赋予它以明智、智慧、机智等系列丰富的道德和内涵，把中华民族的道德智慧同人文智慧、科学智慧聚成一体；孔子讲“信”，把它列为对学生进行教育的“四大科目”（文、行、忠、信）和“五大规范”（恭、宽、信、敏、惠）之一，强调要“言而有信”、“信则人任焉”。这五者，是对孔子伦理道德思想的高度概括与总结，千百年来一直为人们所推崇并发扬光大。

到了21世纪，人们又提出了一种新的“五德”之说:“忠、孝、节、勇、和”。所谓“忠”，就是内心求善，外求尽职尽责，不仅讲“上思利民，忠也”，也讲“天下兴亡，匹夫有责”。所谓“孝”，主要是对父母、长辈尽孝，强调长幼有序，强调要与尽到报效祖国之忠统一起来。所谓“节”，诚如孟子在《孟子·滕文公下》中提出的“富贵不能淫，贫贱不能移，威武不能屈”那样，讲气节、重操守、重名节、轻利欲。所谓“勇”，人们赋予了它各种丰富内涵，“持节不恐谓之勇”、“持义不掩曰勇”、“投身为义曰勇”、“知死不避曰勇”、“悬命为仁曰勇”、“弃命为仁曰勇”、“胜敌壮志曰勇”等等，是中华民族饱经磨难、历久弥新、愈挫愈勇、愈挫愈奋的不竭动力。所谓“和”，主张“礼用之，和为贵”（《论语·学而》），提倡中和之道，“喜怒哀乐之未发谓之中，发而皆中节谓之和。中也者，天下之大本也；和也者，天下之达道也。致中和，天地位焉，万物育焉”（《礼记·中庸》）。“和”被认为是人道追求的最高目标。

观”，其中无不借鉴或吸收了传统儒学伦理道德文化的理念与智慧。所谓“中国特色社会主义”首先是“中国特色”，而“中国特色”当然包括传承了数千年的以儒学为主流的中华传统文化，离开了中华传统文化就没有“中国特色”。而“实事求是”的观念范畴，则源自汉代儒家王充与班固的著作。以上清楚地说明，我们现在提倡的社会主义核心价值观，与儒家传统文化的核心价值观有着不可割裂的内在思想联系，这也正是儒学具有现代性的生动证明。

再就世界发展的趋势而言，自上世纪末以来，全世界都处在一个全球化、现代化的进程之中，具体表现为经济发展的一体化、政治趋势的多极化、文化格局的多元化、价值观念的趋同化。在价值观方面，尽管在可预见的将来，全人类还不可能建立一个全球统一的、独一无二的价值观，但随着东西方文化交流的日益广泛与深化，一些原本植根于西方或东方文化土壤的核心价值观念，越来越表现出普世性，即普遍适用、能为全人类所普遍接受并付诸实践的特性。按照当代中西方文化研究学者的说法，基本上认为中国是一个以伦理政治为体系的文化，道德因素在中国文化中占有重要的位置，如今的西方更是对中国文化持肯定态度，而对于身为中国人的我们也基本认为应该吸收中国文化的精华部分用以传扬。例如，原本植根于东方的仁爱、礼义、和谐、诚信、中道等观念，现在已经突破地域的界限而日益成为全人类都能接受的普世性价值观念。现如今，我们从了解到的中华道德起源与发展，结合主流的政治文化等因素，考察新“五德”、旧“五德”10个具有传承意义的中华核心美德，并且论证其全面性与包容性，有其重要的现实意义。

众所周知，在当今全球化、现代化的进程中，人类社会出现了许多重大的弊病与危机，诸如核战争的威胁, 全球暖化的危险进程, 生态失衡、环境污染的问题, 物欲膨胀、资源浪费的问题等等, 并且伴随着信仰失落、道德堕落、享乐主义、拜金主义、人格扭曲等等现代精神道德层面的疾病。这些社会弊病与危机，有些可以通过发展科学、完善制度去解决，但科学与法制并非万能，解决深层的价值观的冲突问题，还需要依靠伦理道德层面的方法。而在这一方面，儒学传统的道德人文精神及其新“五德”、旧“五德”价值观，是大有用武之地的。如果这个社会层面从群体到个人都能真正认识“以人为本”的重要意义，则许多社会问题是不难控制与解决的。所以，从这一意义上说，现代社会正在呼唤儒学的核心价值观, 期望运用儒学的伦理道德智慧去缓解或消解人类的精神疾病。而作为“以道自任”的现代人文社会科学学者，自觉承担起弘道的责任，是我们应尽的社会职责。未来的世界仍将是一个多极共存并进的世界，未来的世界文化也仍将是一个多元文化沟通互补、和而不同的格局。作为拥有数千年儒学文化传统的中国人，理应树立“以人为本”的科学发展观，为建设一个真正富强、民主、文明、和谐的现代中国与理性、繁荣、文明、和谐的未来世界而不懈努力。愿中华文化中那些曾经闪耀着无比光辉的美德，能再一次闪耀在我们当今社会中。

第壹章

说忠

在中国的传统文化里，“忠、孝、节、勇、和”被认为是传统“五德”，而“忠”居于首位，由此可见它的影响力以及作用。作为中国古代传统人伦道德之一的“忠”，不仅是传统纲常之一，更是人们的行为规范和道德准则，千百年来早已深入人心。“忠”作为一种道德范畴，有其萌芽、成长的历程，而且随着历史的发展，在不同的时代，不同学派对此也有不同解释，深刻地打上了时代的烙印，体现着不同时代人们观念的变化。可以说考察“忠”这一观念的演变史，也就是考察中国文化的发展史。

“忠”这一词始见于金文，它的构型是上“中”下“心”。因此考究“忠”这一词的发源，必须要从“中”这一词说起。“中”原本是氏族社会的徽帜的意思，引申为中央之意。在氏族社会的时候，氏族首领为了召集族人，就在空地上树一面旗帜，族人四面围住旗帜，这就是“中”字的最初含义。而“忠”的意象就是“各设中于乃心”（《尚书·盘庚》）的意思，历代解经者将这句话或解释为“各设中正于汝心”，或解释为“中者，极至之理。各设极至之理存于心”。了解了“忠”这一意象的来源后，我们就不难发现，历代有关“忠”这一思想无论怎么演变，大都与中央、内心的意思分不开，关于“忠”这一观念的演变始末可以从如下几方面加以考察。

在人与人的关系上，“忠”原指人与人的忠，讲究对他人重忠诚，对自己要忠诚，这是对人与人和谐关系的一种规定。孔子就说过：“为人谋而不忠乎？与朋友交而不信乎？”这句话所说的“忠”，是“忠恕”的注解，是“对人之诚”。孔子还说过：“主忠信，无友不如己者。”“弟子入则孝，出则悌，谨而信，泛爱众，而亲仁。”“主忠信”的“忠”，可以和“衷”字相通，是由衷之意。在孔子眼里，“忠”首先肯定了人与人之间要坦诚，答

应别人的事就一定要努力去办到。在孟子那里，我们同样也能感受到他的与人为忠。他强调“忠”就是“教人以善”。当然，人与人的忠不单单是这些，它还表现为忠义、忠恕、忠信等方面。

在君与民的关系上，“忠臣”的观念可以说是后起的，而忠君并不是个人与团体的道德要素，而依旧是对君私人间的关系。可以说，在这一关系上，“忠”较之前者有着更为丰富的内涵，历代学者解释说明的也更多。其一，强调君主忠于人民。在儒家传统文化里，对“忠”解释最早的就是忠于民：“上思利民，忠也！”（《左传·桓公六年》）意思是位居上面的人为下面的人民造福就是忠。君臣关系上，孟子还提出“民贵君轻”的可贵思想。其二，“忠”指的是臣子、人民对君主的忠心。在中国的历史上，君与臣的关系很复杂很微妙。春秋时期的君臣关系还是比较平等的，所谓“臣事君以忠，君使臣以礼”，讲的就是相对平等的君臣关系。但是好景不长，自秦始皇一统天下，确立了中央集权的封建制度，皇权不断加强，到清朝达到了顶峰，在2000多年的封建社会里，君臣关系突出表现为臣子、人民对君主的绝对忠诚，正所谓“逆命而利君谓之忠，逆命而不利君谓之篡”（《荀子·臣道》），以及“君正臣从谓之顺，君僻臣从谓之逆”（《晏子·内篇谏第七》）。帮助君主甄别好坏并积极进谏的臣子就是忠臣的思想，只是一些末流，其主要目的不过是维护君主的地位，其行为体现了对君主的绝对忠诚。由于思想的禁锢日益严重，对于君主的忠，大多表现为一种“愚忠”。其三，在明末黄宗羲看来，君与臣的关系发生了很大的变化。他认为君主是代万民来治理天下的，并不是什么上天的儿子，这是对几千年封建思想的颠覆，具有近代启蒙思想的意义。

在国家与人民的关系上，“忠”还表现为对国家事务的关系，强调国家利益至上的忠，主张忠于国事，以国家最高利益为重，这

种思想深深根植于士大夫的心里。在社会主义社会的今天，“忠”主要体现的是公民对国家的义务。

“忠”从其出现以来，就不断地衍生出各种不同的内涵，有积极的，也有消极的。今天我们要正视“忠”这一思想，努力清除“忠”里面的封建意识，还其本来面目，并加以新的时代精神，使其焕发出新的生命力，为我国社会主义现代化建设服务。

第一节 人与人的忠

人生活在这个世界上，从出生到死亡，每天都在处理着人际关系。人与人的关系既复杂又简单，复杂时让你觉得全世界都是虚伪的，简单时你又觉得只要一点点付出就能收获很多。但有一点，我们需要时刻保持着对他人的忠诚。人与人的忠，一是强调内心的忠诚，汉朝贾谊认为：“对人的尊爱和惠利发自内心叫作‘忠’，与此相反的叫作‘悖’。”这强调人的内心的真诚。只要我们时刻保持着对人的忠诚，我们就不怕处理不好人际关系，不信，我们看看下面的故事，定能有所收获。

现代社会流传着这样一则故事。有一位单身女子刚搬了新家，她发现隔壁住了一户穷人家：一个贫穷的寡妇带着两个孩子。一天晚上，突然停电，幸好买了蜡烛。刚点起蜡烛没过多久，她家的房门就被敲开了，敲门的是隔壁的小男孩。小男孩紧张地问：“阿姨，你家有蜡烛吗？”女子心想：“不会吧，她家穷得连蜡烛都买不起吗？”一脸的鄙夷与不屑。“不能借给他们家，我才来几天啊？就来借东西，以后依赖惯了，我还要不要活了。”想到这里，她对着小男孩大声吼道：“没有！要蜡烛自己买去……”当她关门的一瞬间，她看到男孩脸上关爱的笑容：“我就知道你家没有来得及买，这地方总

是停电。”说完，从怀里掏出两根蜡烛来，交给女子，说道：“妈妈怕你一个人住，又没有蜡烛，晚上漆黑一片，所以叫我拿两根蜡烛给你！”听完这番话，女子热泪盈眶，自责、内疚涌上心头，她紧紧地抱着小孩，唯有这样，才能表现她的感激之情！

多么感人的一个故事啊！小男孩家里虽然穷，却有着关爱之心，在别人需要的时候，伸出他的援助之手。小小的一根蜡烛，点燃了一个女子的那颗冷漠的心，传递了人间的关爱。与邻为善，微弱的蜡烛光却折射出无穷的关爱。送人玫瑰，手有余香，小男孩心里有说不出的喜悦。

据《论语》记载，有一次，孔子与他的学生们在一起谈论待人之道。子路说：“别人善待我，我也善待他；别人对我不善，我也用不善对他。”孔子评价道：“这是不讲道德礼仪的做法。”子贡说：“别人用善意待我，我也用善意待他；别人用不善待我，我就引导他向善。”孔子评价道：“子贡的话是朋友之间应该做的。”颜回说：“人善我，我亦善之；人不善我，我亦善之。”夫子高兴地说道：“这才是亲人之间的做法啊！”

是啊！只要我们用真诚的心去对待他人，还有什么不能改变的呢？如果大家都有一颗忠诚的待人之心，这个社会还会有那么多的尔虞我诈、坑蒙拐骗吗？如果大家都用忠诚的心对待他人，这个社会不就和谐了吗？以诚心对待天下人才是真正的与人为善啊！

当今社会，物欲横流，很多人被名利蒙蔽了双眼。为了谋取高位，他们勾心斗角；为了谋求一份职业，他们明争暗斗。而当我们去反观先哲那无私关爱之时，我们会觉得我们是多么的渺小。孔子在论述人与人的关系时，提到过“近人曰‘忠’，忠利之教”的思想。并且指出，人与人关系的一大准则就是“忠恕”。

在《论语·里仁》篇里，孔子还提到过“忠恕”的说法，他

把“忠恕”解释为“己欲立而立人，己欲达而达人，己所不欲，勿施于人”。在孔子看来，在处理人与人的关系时要做到自己不想做的不要推给别人去做，不要把自己的思想意志强加于他人，这是忠恕的一个含义；与此同时，“己欲立而立人，己欲达而达人”也是对仁者的最高要求，是要用一生去实践的。忠恕与仁义构成一个完整的社会思想体系，是建立在共同的人类感情上的。人固然有其差异，但只要是人就有相通之处，在群体和个人的关系上注意推行“推己及人”的做法，只要我们心中想着他人，他人也会善待我们。

孙叔敖，春秋时代的楚国人，出身贫寒，但他通过自己的努力，最终做上了高官。他极力辅佐楚庄王，为了改善农业生产条件，他带领人民修建了芍陂（今安丰塘），他还实行了一系列发展经济的政策，这使得楚国国力大增，成为“春秋五霸”之一。

孙叔敖能取得这么好的政绩，与他有一颗为国为民的大爱之心是分不开的。据说他小时候就是一个很善良的孩子，深受邻里喜爱。一天，孙叔敖出外游玩，看见两条怪蛇，当时迷信说见着这种蛇的人必死无疑。他心里害怕极了，虽然害怕，还是决定立即把蛇打死，免得别人看见了。于是他捡起大石头就往蛇身上砸去，打死后把蛇深深地埋在了土里。回到家里，孙叔敖闷闷不乐，忧心忡忡。母亲看见了问道：“你今天怎么了，是不是哪里不舒服啊？是不是病了？”孙叔敖只是摇头，后来终于忍不住了，他抱着母亲大哭，说害怕自己再也看不见自己的母亲了。母亲问他什么原因，他告诉母亲看见蛇的事。母亲关切地问道：“孩子，别怕，蛇在哪？”孙叔敖边擦眼泪边回答说：“我怕再有人看见它也会死去，就把它打死后埋起来了。”母亲听了深受感动，想不到自己的孩子这么小就有一副侠义心肠，于是安慰道：“孩子，你做得对，我听

孙叔敖

说好人有好报，你不会有事的。”

是的，上天总是会眷顾善良的人的。孙叔敖虽位极人臣，但一生清廉俭朴，待人善良，时时刻刻想着为他人谋利。他的高尚品格备受后人赞美，名垂千古！

在我们的日常生活中，要时时地想着他人的感受，学会换位思考。对待朋友要讲“忠信”，也就是诚信。特别是在当今社会，社会大改革，各种思想的冲击，很容易使我们沉沦。很多人为了金钱、财富而不惜欺骗朋友，欺骗亲人，参加各种非法传销活动，扰乱社会秩序，牟取暴利。再看看我国近年来那些黑心的商家吧：奶粉里加三聚氰胺，吃了让人得肾结石；鸭蛋是绝对不敢买红心的，里面有苏丹红，吃了得癌症；为了便于销售、迎合国人吃瘦肉的喜好，饲料里猛加瘦肉精；吃完阜阳奶粉的孩子头都特别大；金华火腿里喷上敌敌畏……国人感慨，还有什么能吃？

对于这些问题的出现，国家更要加强监管，更重要的是要从源头抓起，大力普及传统文化，特别是“忠信”思想。让人们在一举一动、一言一行中都能想到要忠于自己的人性，忠于朋友的信任，忠于家人的关爱。诚信是成功的基石，是社会和谐的保证。人与人的交往中要恪守“忠”的美德，讲求“忠恕”，倡导“忠信”，发扬“忠义”。这样我们才能每天都活得舒心快乐。

第二节 上思利民，忠也

在农业文明的时代，历代都把农业作为国家的根本，实行重农抑商的国家政策。人民是农业生产的主力军，同样也得到了统治阶级的尊重。“以民为本”的思想在民与国的关系上体现为民为邦本，民心即天心，民意即天命，民情即天意。“忠于民”直接体现

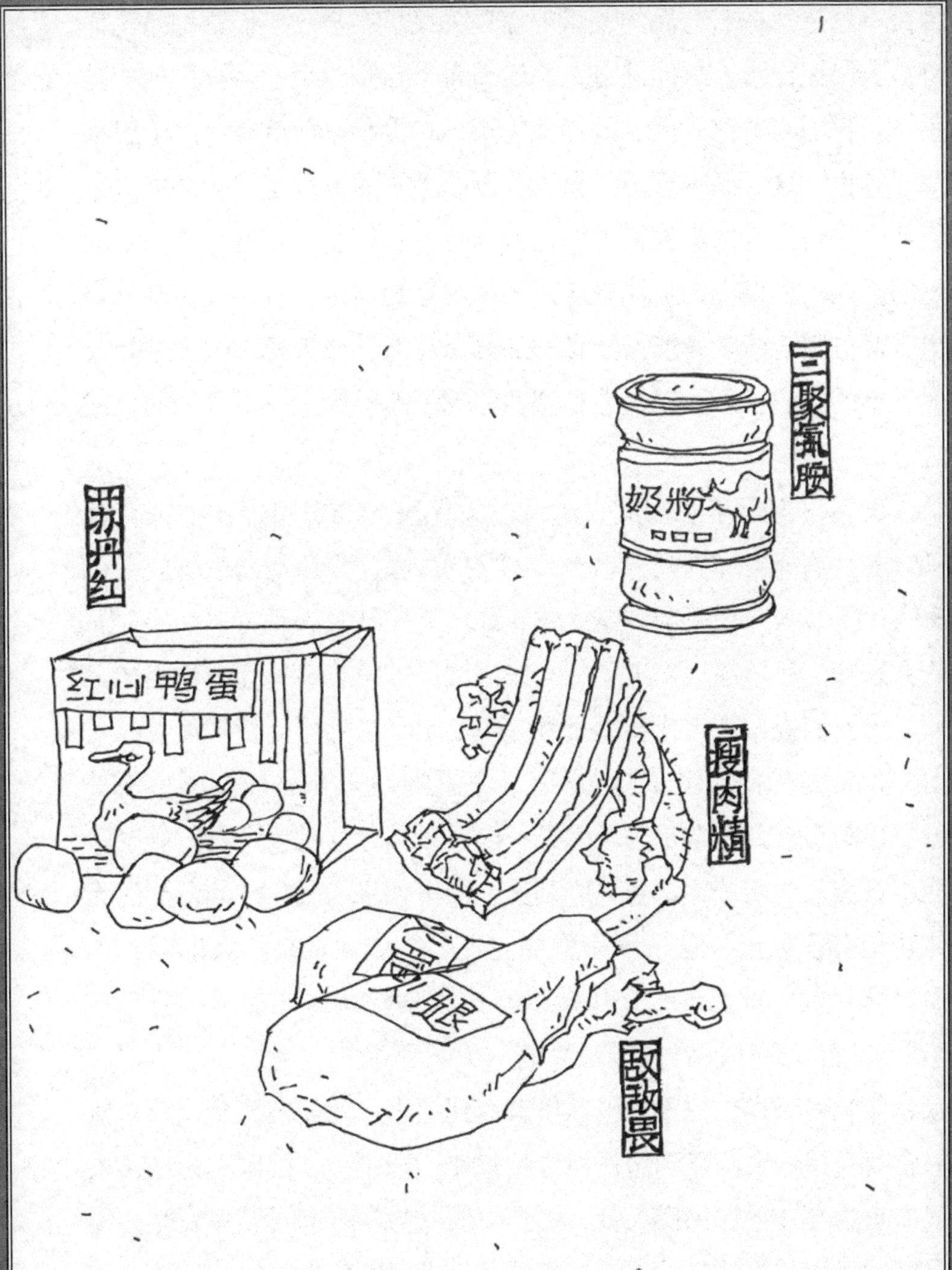
三聚氰胺
奶粉
苏丹红
红心鸭蛋
瘦肉精
火腿
敌敌畏

为民本思想，在君与民的关系上体现为民贵君轻。人们常把君比作舟，人民比作水，水能载舟，亦能覆舟，这正体现了君与民的相互关系。正因为看到了人民的伟大力量，在春秋以前就有了“上思利民，忠也”这一民本思想。今天我国改革开放取得了巨大的成就，农业也一直作为国家的根本放在很高位置，国家逐年增加对三农问题的投入。如果说，封建制度下的民本思想与主张有很大一部分是出于对巩固统治阶级统治的私利的话，那么，今天我们国家领导人大手笔的农业投入，正毫无私利地体现了一颗为人民谋福祉的忠诚之心。

民本思想最早源于周天子“敬天保民”的思想，在中国一直延续着、演绎着一则则“忠于人民”的故事。众所周知，历史上很多帝王都喜欢与民争利，毫无休止地向人民征收各种苛捐杂税，而唐太宗却一反常态地提出了“与民同利”的思想。他在即位之初，便对大臣们说：“古代大禹带领人民治水，虽然也耗费了很大的人力，但他是为使人民免遭水害，人民推他为君主；而秦始皇修长城、建阿房宫，完全是为了满足一己的私欲，这种为了自己的享乐而不顾民众的疾苦，是害人以利己。帝王如果为了自己的私欲而无休止地劳役人民，这个国家就要完了。”唐太宗是这么说的，也是这么做的。此后，“二十年间，风俗素朴，衣无锦绣，公私富给”。唐太宗还非常赞同道家的“无为而治”，他说：“治理国家就像栽树一样，树木的根系没有遭到损害，就能枝繁叶茂。”他时常对身边的大臣谈到做任何事情都要抓根本：“国以人为本，人以衣食为本。”农民谋衣食，以不失农时为本。而要不失农时，国君必须做到“简政”，不能过度地劳役人民，如果像秦始皇那样不停地营建宫殿，要想不误农时，是不可能的。人民是国家大树的根本，只要人民安居乐业了，国家也就太平了。李世民积极汲取隋朝

唐太宗

灭亡的历史教训，听取大臣们的忠言，实行了一系列与民休息的政策。李世民首先从自己入手，从国家入手，大范围地实施压缩国家开支的政策，精简国家官员队伍，裁并州县，这样州县减少了，官员也就减少了，相应的国家公务员开支也就减少了。由于唐太宗在很多方面进行了大刀阔斧的改革，实行了很多惠民政策，得到了全国人民的拥护，这些改革以及政策的实行，使得唐朝出现了政治清明、国家富强、疆域辽阔、人民安居乐业的太平盛世，形成了历史上赫赫有名的“贞观之治”。

明太祖朱元璋在历史上名声不是很好，知道的人都骂他背信弃义，过河拆桥，但他却有一颗殷殷为民的心。朱元璋称帝不久，他就对大臣们说：“天下才刚刚安定，老百姓都很困乏，像刚刚学会飞的小鸟，不可以拔它的羽毛；像新栽的树，不能动摇它的根本。现在是让人民休息的时候了。”朱元璋这样做无疑是很对的。经过了20多年战乱，人民颠沛流离，田园荒芜，一片萧条。只有让人民休养生息，才能使国家稳定下来。朱元璋接受了大臣们的意见，鼓励开垦，兴修水利工程，大范围实行屯田。朱元璋曾下令：“北方州县所有荒芜的田地，全部免除3年的租税；国家给垦荒者耕牛、农具和种子，所垦的荒地归垦荒者所有，政府免收3年租税；还规定农民有5亩至10亩土地的必须种植桑、棉、麻各半亩，有10亩田以上的要加倍种植。”这些政策极大地提高了人民的积极性，一时间垦荒者遍布全国，呈现出一片繁忙的景象。为了更好地发展生产，朱元璋非常重视修建水利设施，通过国家政令的鼓励，到1395年，全国共开塘堰大约40987处，疏通河流大约4162道，成绩卓然。朱元璋出生寒微，深知下层人民的艰辛，称帝后实行了很多的惠民政策，其中就有一项很完备的国家救济政策。据《明太祖实录》记载，朱元璋给中央官员下了一道圣旨：“对于没有房子住

朱元璋

的，国家给房子住；没衣服穿的，国家给衣服穿；没饭吃的，国家给饭吃。”这是一项惠及社会的制度。我们似乎可以看到天下的乞丐们怎样地欢呼，感谢这位曾经的丐帮同行。正因为朱元璋实行了这一系列的爱民惠民的国家政策，明朝才得以迅速恢复元气，从而巩固了新生的政权。

水能载舟，亦能覆舟。农民起义的浪潮把朱元璋推向了顶端，成为君临天下的皇帝。或许，他看到了人民的力量，不敢掉以轻心。唐太宗也是一位从战争中走出的帝王。他们心里都深深地明白，人民是国家的根本，是不可以撼动的。要想长治久安，就必须以民为本。虽然他们的思想动机上都打上了自私的印记，但我们不能用阶级的局限性去否认他们的功绩。

历史上也出现过不少帝王因为劳民伤财而亡国的例子。例如，隋炀帝杨广就是这样一位毁誉参半的皇帝。在今人看来，他的功绩很多是弊在当时、功在千秋的大业。他平定了天下，结束了300多年的社会分裂局面；他开通大运河，使南北交通连为一体，促进了南北商业以及文化的交流；他开创了科举，为后代甚至今天的考试树立了一个典范；他还疏通丝绸之路，促进了国际贸易的进展。然而就是这样一位雄才大略、颇有作为的皇帝，为何会身死国灭，为天下笑呢？究其缘由，是他毫无休止地征伐劳役人民，大兴土木，劳民伤财，最终导致众叛亲离，身死国灭。

杨广即位后不久就决定迁都洛阳，并营建宫室，每月派遣200万人去建设洛阳城。又从各地征集奇珍异宝、怪石奇材，运往洛阳。农民被迫运输这些物品，从南到北，从东到西，络绎不绝，很多人累死在路上。就在修建洛阳宫的同一年里，杨广又征调100多万民工修建大运河。大运河从南到北，贯通海河、黄河、淮河、长江、钱塘江五大水系，两岸种植柳树，风景优美，然而这条运河是

建立在众多民工的血泪之上，在运河的开挖过程中累死、饿死的，不计其数。运河开挖好了之后，杨广就率领他的爱妃们三游江都，其中耗费的财力物力真是难以统计。为了向西域人炫耀隋朝的富有，从正月十五直到月底，隋炀帝召集乐工大开戏场，奏乐人多至18000人，几十里外都听得到清乐声；西域人去东市做买卖，他就要求商人们盛装打扮，卖的东西必须是奇珍异宝，连卖白菜的都要用上等的席子铺地；市内的树木都用丝绸缠绕着，来显示隋朝的富有。劳民伤财，好好的一个隋朝就这样断送在了杨广的手里。以史为鉴，可以知兴替；以民为本，常思为民，才能得到民众的拥戴，才能长治久安。

马克思说过："人民群众是历史的创造者，是社会物质精神财富的创造者，是社会变革的决定力量。"现在，在人民民主专政的社会主义中国，人民成为了国家的主人，人民真正地站了起来。随着国家一系列惠民政策的实行，如取消了农业税、实行农民种粮补贴、免除九年义务教育学杂费、新型农村合作医疗等，人民的生活将会越来越富裕。

第三节 忠君

在旧社会的中国，君臣是社会的两个重要政治角色，人们常说："为臣难，为君不易。"一方面臣子害怕强大的君主，所谓"伴君如伴虎"，就是这样，说不定哪天说错话了，就被杀了头，好一点的就被贬官千里；另一方面，君主害怕臣子的强大，害怕功高盖主。贤明的君王就会合理地利用臣子之间的牵制关系，通过平衡各派势力来稳固自己的统治；差一点的往往会被权臣挟制，渐渐地成了傀儡皇帝。

在春秋战国时期，“忠君”是一种“师友型”的君臣关系，这与当时君主招揽人才，以及封建的君主专制制度没有建立等因素有关。春秋后，封建王权逐渐加强，“忠君”成了对君主的绝对忠诚，不容丝毫的怀疑与叛逆，否则将会以叛逆之罪处以极刑。当然，对君主的忠诚并不是一味地强调顺从，如荀子就认为“逆命而利君谓之‘忠’，逆命而不利君谓之‘篡’”，《忠经》里面也提到过“忠臣之事君也，莫先于谏”之说。这种不一味地服从君主、为君主考虑的思想也广为世人接受，由此历史上出现了很多忠诚的谏官，他们不怕罚，不怕死，而以忠于职守的直言，名垂千古。如汉朝的谏官刘辅、王褒等，宋代著名谏官司马光、欧阳修、范仲淹等。尤其是唐代，进谏之风盛行，最著名的就是那位犯颜直谏的魏徵了。

魏徵是历史上有名的谏臣，他以性格刚直、才识超卓、敢于犯颜直谏著称。每次进谏，虽然激怒了太宗，但他神色自若，不稍动摇，使太宗也为之折服。有一次，唐太宗考虑到兵源短缺，于是就接受了宰相封德彝的请求，下旨征用不到参军年龄的男子参军入伍，当这个政令下达到门下省的时候，魏徵拒绝签字。在唐朝，实行的是三省六部制，在中央的三省里面有负责起草政令的中书省、负责审核政令的门下省，还有负责实行政令的尚书省。魏徵拒绝签字，也就意味着这个政令没办法实施。唐太宗当时是龙颜大怒，指着魏徵说道：“这件事我已经决定了，其他的大臣也同意了，与你有什么干系？”面对盛怒之下的皇帝，魏徵不慌不忙，面不改色地说道：“抽干水来捕鱼，明年就没有鱼了；焚烧森林来打猎，明年就没有了野兽；让年不满18岁的中男去参军，租税杂役等必然下降，更何况军队不在于数量的多少而在于是不是精干。”魏徵一席话使得唐太宗陷入了沉思，最终，他下令取消这一政令。为了褒奖

魏征
唐太宗

魏徵，鼓励官员进谏，唐太宗赏赐了一个金瓮给魏徵。

魏徵一生中经常犯颜直谏，往往使得唐太宗下不了台阶，他也不管。有一次，太宗下朝后，他边走边说道：“气死我了！气死我了！我一定要把他杀了！”长孙皇后听见了，就问：“谁惹您生这么大的气？”唐太宗气愤地说道：“魏徵啊！还能有谁？他天天在上朝的时候顶撞我，一点都没有把我放在眼里，气死我了。”长孙皇后听后，到内室换上朝服，恭敬地走到太宗皇帝身边说：“恭喜皇上，贺喜皇上！”唐太宗疑惑道：“何喜之有啊？”长孙皇后说：“自古以来君贤臣忠，魏徵之所以敢犯颜直谏，正是由于你的贤明，你应该为有这样的大臣而高兴才对啊！如果臣子们都一味地服从您的旨意，那才是可怕的呢！”唐太宗听后，怒气渐消，心里深深折服于皇后的贤明。唐太宗之所以能开创一代盛世，与当时臣民们勇于进谏，身边有一大批正直的臣子是分不开的。

真正的忠君的臣子会时时为君主考虑，他们不惜自己被冷落、被贬官，甚至被杀头也要进谏，他们相信事实会得出真相，他们相信忠言最终是会被人们承认的，他们即使是死了，也要对得起自己头上的乌纱帽，后人会为他们树碑立传，他们将会名垂青史的。

谏官是官员队伍中的活跃分子，他们用自身的行动来表达着对君主的忠心。纵观中国古代社会历朝历代，谏官在打击贪官污吏，澄清吏治，打击地方割据势力，维护中央集权，谏正皇帝过失，防止决策失误方面发挥了积极作用。对君主的“忠”，在很多时候表现为对君主的誓死追随，对君主生命安全的保护，对君主权威的维护。因为在古代由于历史条件等因素，君主仅相当于国家，保卫君主安全，维护君主的权威，才能更好地维护稳定和谐的社会环境，保障大多数老百姓的利益。否则战争连年，民不聊生，受害的还是全天下的老百姓。

公元前204年4月，项羽派兵攻打汉军，刘邦等人被困于荥阳城里。此时已人困马乏，粮草将尽，荥阳城是危在旦夕。而此时也是楚汉相争的关键时刻，怎样保证汉王刘邦的安全，大家没有好办法。纪信看到这种情况再也忍不住了，他提出自己假装汉王，留在荥阳城，大家都知道这无异于是去送死，但也毫无办法。这样，陈平写了一封降书，派人送给项羽，说汉王今夜出城投降，项羽看了很是高兴。到了晚上，刘邦假扮成普通老百姓混在人群中逃走了，而纪信穿着汉王的衣服，坐在汉王的车子里，用衣服遮着脸，楚军看了，都以为是汉王真的出来投降了。等到刘邦大概到了目的地后，项羽出来，看见不是刘邦坐在龙车上，盛怒之下，拔出佩刀，指着纪信说："汉王呢？你是何人？"纪信答道："汉王真的会降服于你吗？他早已经离开这里了。"说完哈哈大笑。项羽气极了，下令将龙车烧了，纪信就这样被烧死了。后来汉王做了皇帝，为纪信建了一座"忠佑庙"以纪念纪信。汉高祖在诰词里说道："以忠殉国，代君任患，实开汉业。"

纪信以自己的生命换来了刘邦的生命，使刘邦转危为安。我们可以想象一下，要是刘邦死了，天下或许就是项羽的了，项羽要是当上了皇帝，按他的性格天下不知又有多少黎民百姓要遭殃了；或是天下重归于混战，流毒百姓。可以说纪信的死保证了楚汉相争的继续，为天下重归于太平赢得了时间。

于谦，字廷益，谥号忠肃，浙江钱塘人。于谦一生为官清廉，刚正不阿，爱民如子，忠心耿耿。在他任巡抚的时候，经常一个人骑马去下属地区考察民风民情、官员得失，并认真做好记录，报告朝廷，兢兢业业，认认真真为国为民办事。他为官非常清廉，每次进京办事，都不带任何礼物送人，别人问到，他只说："我只有两袖清风而已。"

加之与杨贵妃情意绵绵，渐渐地不理政事。这个时候，李林甫依靠着他溜须拍马的本领，和宫内的宦官、妃子们勾结，掌握了唐玄宗的一举一动。渐渐地他得到了唐玄宗的欢心，唐玄宗觉得他很能干，就想把他提为宰相，虽然当时的宰相张九龄和很多大臣都反对，但无济于事，唐玄宗已经对他深信不疑了。

李林甫当上宰相以后，就开始实行打击报复的政策，只要是不服从他的人，都被他秘密查办了：有的贬官，有的降职，有的甚至被害而死。有一次，唐玄宗突然想起了被贬的严挺之，就问道："严挺之还在吗？这个人挺有才能，可委以重任。"李林甫答道："陛下如果想念他的话，我就去打听一下吧！"退朝后李林甫找到严挺之的弟弟说："你哥哥严挺之不是很想回京面圣吗？好吧！我有一个办法，你叫他上一道回京养病的奏折，皇上仁慈，一定会同意的。"就这样，李林甫不但欺骗了严挺之兄弟的感情，又使得国家少了一位能臣。像严挺之这样上当受骗的还真不少，更有甚者遭到了惨酷的排挤压制。

在李林甫19年宰相的生涯中，那些有才的正直的大臣一个个地遭到了排挤，一批批钻营拍马的小人都受到重用提拔。他还提拔推荐了发动"安史之乱"的安禄山，直接导致了唐朝的衰弱。

漫长的中国历史，自有皇帝以来，就有说不尽的君臣关系，从君臣平等的"君使臣以礼，臣事君以忠"到以后的"君要臣死，臣不得不死"的愚昧。历史上不乏愚忠的大臣，但也有忠君为国的好臣子，他们犯颜直谏，他们忠心护主，他们历尽艰辛不改忠节，他们临危受命，为国为君，生死不顾，他们的事迹是我们后代子孙的精神食粮，心灵的鸡汤，他们的事迹定会彪炳千古，万世垂青！而那些奸臣贼子，他们口蜜腹剑、结党营私、铲除异己、残害忠良，必将会被历史所唾弃。君不见，岳飞墓前那跪着的秦桧像，千百年为人们不齿！

李林甫

第四节 忠于祖国、忠于人民

在国家与人民的关系上，“忠”还表现为对国家事务的关系，强调一种国家利益至上的忠，忠于国事，以国家最高利益为重，这种思想深深根植于士大夫的心里。如管仲就说道：“做臣子的应该忠于江山社稷而非一个人，不是君主。”明末大思想家黄宗羲更加直接地说道：“君与臣都应该是人民奴仆。”在谈到国家利益的时候，他提出了君主臣子应当为国家社稷着想的观点。鸦片战争以后，中国人从天朝上国的美梦中惊醒，开始睁眼看世界。随着西方民主思想的涌入，中国先进的知识分子开始重新解释“忠”这一古老的命题。“五四”运动以后，中国思想界进行了一次大革命，民主、科学的思想得到了广泛传播，对古代伦理道德的重新解释被知识分子自觉承担起来了。

我国民主运动的先行者孙中山先生在晚年的时候就指出：“我们要讲忠，但我们讲忠要剔除旧的伦理道德，忠不是忠于君，而是忠于民忠于国，忠于我民国四万万的民众。”在社会主义社会的今天，“忠”主要体现的是公民对国家的义务。

戚继光，字元敬，号南塘，晚号孟诸，山东登州人，明朝杰出的军事家，民族英雄。他17岁的时候就接替了父职，做了登州卫指挥检事，可谓是英雄出少年。由于浙江倭寇活动猖獗，戚继光被调任到浙江，镇守宁波、绍兴、台州三个地区。戚继光多次与倭寇作战，先后取得龙山、岑港、桃渚之战的胜利。

为了更好地抵抗倭寇，龙山之战后，戚继光招募了4000余人，进行了严格的训练，这就是让倭寇闻风丧胆、无人不知的戚家军。就是这支军队，戚继光领着它十三战十三捷；就是这支军队，明朝

戚继光

大显国威，让倭人闻风丧胆。

嘉靖四十年（1561年），倭寇大举进犯浙江，船只数百，人数过万，先后在台州东北的象山、奉化、宁海等地登陆。探知戚继光不在台州，遂分兵三路进攻台州。戚继光得知后，歼灭宁海倭寇之后，火速回师，转战千里，前后1个月，九战九捷，将倭患肃清，史称“台州大捷”。

肃清浙江倭寇后，戚继光转战福建，先后荡平了横屿、牛田、林墩三大倭巢。戚继光一走，倭寇就相互庆贺：“戚老虎走了，我们还有什么怕的呢？”随后又占领了平海卫。嘉靖四十二年（1563年），戚继光再次进军福建，在平海卫打败倭军，接着挥师前行，扫平仙游倭寇，消灭了南澳山贼。这样，戚继光带领着戚家军基本上把东南沿海的倭寇平息了。

戚继光在抗倭寇战争中建立了卓越的历史功绩，他把自己的一生献给了祖国人民，肃清倭寇，使得沿海人民安居乐业，平安幸福，赢得了当时以至后世人民的称颂。他以自己的实际行动，诠释了对祖国和人民的忠诚。

忠于祖国、忠于人民，“忠”这一丰富的内涵自古就有，只不过它往往生长在忠君的大树下。然而到了今天，即使没有了君主，我们依然要讲“忠”，这个“忠”是对国家事务的关心，是对国家利益的保护，是对国家形象、尊严的维护，是中华儿女们共同的义务。

历史上我们可以看到很多忠臣名士在国家危难的时候勇敢地站出来，“先天下之忧而忧，后天下之乐而乐”。热爱祖国是中华民族的优良传统。战国时的屈原，虽遭流放，但是心里眷顾着楚国；宋朝的陆游，临死的愿望是“王师北定中原日，家祭无忘告乃翁”；“天下兴亡，匹夫有责”的顾炎武，作为一介文弱的书生，

依然有嗷嗷不屈的斗志；公车上书，一群学子为了国家危亡，可以放弃十年寒窗苦读的辛酸；严复孜孜不倦地翻译着西方论著，就是为了打碎民族顽固的思想；李大钊“铁肩担道义，信义著文章”，第一次把马克思主义介绍到中国……所有的这些，无一不诠释着他们对祖国人民的忠诚。

在共和国的缔造过程中，我们不能忘记老一辈的革命家，毛主席、周总理、朱德总司令以及一大批为国家、为新中国建立而浴血奋战的勇士们。今天的和平来之不易，我们的旗帜是用鲜血染红的，我们的和平是用烈士的英魂铸就的。我们要珍惜！在社会主义现代化建设的今天，我们每个人都应该努力地为国家献出我们的力量。这就是忠诚，这就是爱国！

文化作为一种意识形态的东西，在人们改造世界的过程中会转化为物质力量，对个人，以及国家民族都会产生深远的影响。“忠”作为一种文化形态，在历史上产生了巨大的影响。它是一种道德规范，规范着社会各阶层人们的行为。对帝王官员，“忠”要求他们勤政爱民，为民着想；对朋友之间，“忠”要求他们对人忠诚，与人为善，教人以善；而对于社会集体与国家，“忠”要求大家忠于祖国，忠于江山社稷。

悠悠中华五千年，中华民族传统文化源远流长、博大精深。文化是随着历史的发展而不断变化的，具有鲜明的时代特征。就“忠”这一观念而言，它的产生发展以及不断充实是一个渐进的过程，从最初的“中”演变为“忠”，由君臣相对平等的“忠”演变为对君主绝对的忠，以及现在提倡的忠于祖国、忠于人民。其内涵还包括人与人忠、君主官员忠于人民。

第贰章

说孝

乌鸟孝亲反哺，羔羊感恩跪乳，在生活中并不稀奇，大自然中诸如此类的现象还有许多，但我们却常常为此感动不已，为一种名为“孝”的情感所震撼。动物尚且懂得回报亲恩，而作为人类，就更应懂得“孝”，努力做到“小孝孝于亲，大孝孝于民”，将人性的真爱、真善与真美发展至极致，推及个人、家庭、社会。

作为“五德”之一的“孝”历来作为伦理道德之本、行为规范之首而备受推崇，是中国传统文化的重要组成部分。中国晚清曾国藩曾这样说过：“读尽天下书，无非是一个‘孝’字。”由此不难看出，“孝”在中国传统文化中占有非常重要的地位。中国传统孝道伦理在中国历史上有着悠久的历史沉淀，从周公至孔孟，再至其后2000多年之中，无数圣贤及文人墨客都对“孝”有过诸多阐释。“孝”是我们中华民族的优良美德与传统，是中国五千年文明史上的一颗璀璨明珠。千百年来，“孝”一直都在炎黄子孙的血液中缓缓地流淌着，代代相传，生生不息。

“孝”乃人之本也，是中国传统文化的核心内容之一，也是维系人类生活稳定的重要保证。它占据着如此重要的地位，有着如此显著的作用，这就更不容我们忽视，我们应将其不断地传承下去。但何为“孝”？的确值得我们好好探讨。

在中国，“孝”的观念源远流长，早在甲骨文中就出现了“孝”字。中国最早的一部解释词义的著作《尔雅》给“孝”下的定义是：“善事父母为孝。”而汉代贾谊的《新书》给“孝”的界定是：“子爱利亲谓之孝。”更有东汉许慎在《说文解字》中解释到：“孝：善事父母者，从老省、从子，子承老也。”“孝”是“老”字省去下角再添上一个“子”字。上为老，下为子，即上一代与下一代融为一体，故为“孝”。“孝”的观念存在久远，它是历史自然的产物，不是个人英雄式的作用。“孝”的产生一般来说

有两种方式：其一是因为人类的血缘而产生的彼此之间的剪不断的“亲亲”关系，这种关系是人类历来就保存的一种古老的感情，也是维系孝道的情感枢纽；其二是由于个体家庭经济的逐步形成，以及由此带来的权利与义务关系。这两种方式，无论哪一种，或是混合作用都导致了“孝”的产生，并使“孝”成为了此后中国文化中不可或缺的重要部分，是维系家庭、国家、社会、世界稳定的重要纽带。现在我们从以下几个方面来具体了解“孝”。

第一节 孝的源流及演变

有的学者认为“孝”产生于原始社会末期的父系氏族时代，此时在人们头脑中就已经存在一种对“孝”的模糊印记，有“老育幼长，子敬老终，此乃天道也”。但根据目前的可考文献，“孝”的观念正式形成于西周时期，这一时期提出了一系列有关“孝”的道德规范，并将其与宗教和政治相融合，使“孝”不断地发挥作用。“孝”最初的涵义是指尊敬上天和祖先，回报亲恩以及生儿育女、延续生命。在西周时期，“孝”一方面表现了父子之间的血缘亲情，另一方面更主要的是强调了父子之间的权利与义务。西周时期的宗庙祭祀和敬天祭祖，对上天的虔诚和对祖先的敬畏不能不说是一种“孝”文化的体现。

到了春秋战国这个大动荡时期，社会关系发生了巨大的变化，巨大的社会动荡带来了百家争鸣，而关于“孝”的伦理思想却成为了诸子思想的重要组成部分。其中比较具有代表性的是：以孔子为主要代表的儒家、以墨子为主要代表的墨家、以老子为主要代表的道家。这几家关于“孝”的伦理思想丰富拓展了“孝”的内涵。

在中国孝文化的形成和发展过程中，孔子对孝文化发挥了重

要作用，创立了儒家之“孝”。提出了“仁”的思想，形成了以“仁”为原则，以“孝悌”为规范的基本思想伦理体系。“孝”含于“仁”中，孝亲为仁，是人道之本。在儒家文化中“孝”主要是侧重于家庭领域，孝敬父母、友爱兄弟。孝敬父母，不仅仅只是物质上的满足，更重要的是要有敬爱之心，使父母感到心情愉快。如《论语·为政》中“子游问孝。子曰：‘今之孝者，是谓能养。至于犬马，皆能有养。不敬，何以别乎’”？如果一个人不敬爱父母，与犬马又有何不同呢？孔子不仅仅只将“孝”局限于家庭，同时他还大力推行“大孝孝于民”，将“孝”的范围不断地扩大推广至百姓、社会层面。

墨家的“孝”强调利亲。《墨子·经上》中“孝，利亲也”。墨子强调对双亲的物质奉养，他反对儒家的丧葬要求。墨家主张“兼爱”，在“孝”的方面，表现为人己无分。道家主张无为而治，反对对人身的束缚。他们不反对“孝”这种真实情感的流露，但是反对孝道作为道德规范，认为其束缚人们的天性。儒、墨、道三家都从不同层面来反映“孝”。值得一提的是，法家虽主张依法治国，完全反对“孝”，认为家庭中父子、夫妻等关系不利于国家的治理，但反过来看，这也可以视为“孝”的一种外延和补充。

到了汉代，出现了“汉以孝治天下”的情形，以“孝”大治天下，“孝”被纳入了封建道德体系中，成为封建家长专制统治的思想基础。董仲舒提出“罢黜百家，独尊儒术”，备受当时统治者的推崇，对“孝”大加提倡，对孝子大力嘉奖。如汉代除了西汉开国皇帝刘邦和东汉开国皇帝刘秀外，其他皇帝都以“孝”为谥号，像孝惠帝、孝文帝、孝武帝等，并设立了“孝悌”一官职，通过举荐孝廉来推荐人才。也有民间广为流传的故事都可以佐证“孝”的广泛传播。例如发生在汉文帝时期的缇萦救父故事。缇萦虽是一位弱

小的女子，但当她知道自己个性刚直的父亲因为得罪有权势的人而被陷害入狱治罪时，她不辞辛劳，长途跋涉前往长安向皇帝诉冤。她不卑不亢地陈述了肉刑的害处，并说明了父亲做官时清廉爱民，行医济世救人，愿替父受刑。汉文帝被缇萦的孝心深深感动，赦免了她的父亲，并且废除了肉刑。有诗颂曰："随父赴京历苦辛，上书意切动机定；诏书特赦成其孝，又废肉刑惠后人。"更有像扇枕温衾、拾葚异器的故事，等等，这些都反映了孝文化在汉代流光溢彩，大放光辉。

魏晋隋唐时期，玄学、佛教盛行，对儒家形成冲击之势。在儒、佛、道对立交融的过程中，孝文化体现出崇高与变异的特点。魏晋仍继承着汉代的"以孝治天下"，但已出现了一些"援道入儒"的新特点，强调孝道的自然亲情，而削弱孝道的政治教化功能。这就说明随着社会的不断发展，人们已经渐渐知道掺杂着政治的"孝"是与我们一向标榜顺应自然的观念不相符的，是存在不合理之处的。到了唐朝时期，个人自我价值的张扬，父权受到削弱，"孝"已经不像前代文学那样被推到至高无上的神堂上。

宋元明清时期，是"孝"发展的特殊时期。这一时期封建集权的进一步强化，三纲五常等思想更受到重视，程朱理学成为社会正统思想。宋明理学提出"存天理，灭人欲"，认为孝道是人类与生俱来的、先天的伦理属性，儿子孝顺父母是天经地义、不可违抗的。与此同时，孝道的专一性、绝对性、约束性进一步增强，对父母无条件顺从成为孝道的基本要求，使"孝"发展达到顶峰。"父母有不慈，儿子不可不孝"成为世人的普遍信奉圭臬。孝道进一步沦落为强化君主独裁、父权专制的工具，不断地走向极端愚昧化，愚孝盛极一时。从族权的膨胀和愚孝的泛滥，就可以看出孝道在畸形发展，如"族必有祠"、"家法伺候"等等。后来的"割股疗

孝

亲”就是愚孝发展到极致的产物，这时孝道被异化到面目全非的地步。还有广泛被后世所知的《二十四孝》就是在元代成书的，其中不乏感天动地的孝的故事，但也不难发现有愚孝的观念。

历史的车轮碾入近代社会后，尤其到了晚清，随着中国现代化速度的不断加快，西方文化的大量涌进，民主、自由的思想不断深入人心，人们的自觉性和主体意识不断增强，个性高度张扬，大批文人从不同的角度来揭露封建孝文化的专制性、绝对性、落后性，并且使孝文化融入时代的内涵，赋予“孝”这个历经久远的词汇以时代特色和光彩。到了“五四”新文化运动时期，受到严厉批判的传统孝文化开始洗去尘封多年的封建专制性，转而向新型孝文化发展。

从历史上孝文化的演变发展过程中可以看出，传统孝文化在促进社会、人际关系发展方面有着不可替代的作用，但我们也应该看到传统文化中存在的那种抑制人性发展的、专制的“孝”观念。历史上流传的孝敬父母、尊君爱国的感人事迹固然让人传颂不已，但也不应该对其缺陷视而不见。我们应将孝文化与时代相结合，发展成属于新时期的“孝”。

第二节 儒学与孝

“孝”作为中国传统文化的重要组成部分，与儒家思想有着密切的关系，是儒家提倡处理家庭关系的重要规范。儒家学派中孔子是一位全面论述孝道的人，在《论语》、《孝经》等书中记载了孔子大量有关“孝”方面的言论。例如《孝经》中就引孔子的话说：“夫孝，天之经也，地之义也，民之行也。”认为子女孝顺父母是天经地义的，每个人都应该身体力行。孔子以“仁”为核心形

成的道德伦理体系，其中涵盖了“孝”。孔子之所以重视“孝”，是因为他将其视为“仁”的出发点和生长点。“其为人也孝悌，而好犯上者鲜矣；不好犯上而好作乱者，未之有也。君子务本，本立而道生。孝悌也者，其为仁之本欤！”（《论语·学而》）意思是说，君子如果要修身养性，应从根本上把握做人的原则，而孝敬父母、友爱兄弟则是“仁”的根本。从《中庸》“仁者人也，亲亲为大”，《孟子》“事孰为大？事亲为大”，“亲亲而仁民，仁民而爱物”等话语中，都不难看出，“孝”乃是“仁”的基础，是中国文化的精髓，也是维护社会、家庭、个人的凝固剂。

“孝”在早期儒家思想中不仅仅有着“善事父母”，即“事亲”之意，还包含着“事君”之意，这两方面也就是所谓的“小孝孝于亲，大孝孝于民”。从儒家经典著作《论语》中我们可以窥见一斑，如：“孟懿子问孝。子曰：‘无违。’樊迟御，子告之曰：‘孟孙问孝于我，我对曰无违。’樊迟曰：‘何谓也？’子曰：‘生，事之以礼；死，葬之以礼，祭之以礼。’”（《论语·为政》）即孝就是不违背父母的意志，依礼来侍奉和安葬父母便为“孝”。又有“孟武伯问孝。子曰：‘父母唯其疾之忧’”（《论语·为政》）按照国学大师南怀瑾先生的说法，意思是说能用“父母看到儿女生病时的种种复杂心情”来对待父母尽孝。《论语》中诸如此类的还有很多。从“大孝孝于民”来看，“民”指的是百姓，是社会，不再局限于狭窄的面上了。如《论语·学而》中有子曰：“不好犯上而好作乱者，未之有也。君子务本，本立而道生。孝悌也者，其为仁之本欤！”孝敬父母的人很少有犯上作乱的。可见从社会秩序角度来看，“孝”是维护社会和谐的重要部分。像这样类似的在《论语·为政》中也有所体现，如：“季康子问：‘使民敬、忠以劝，如之何？’子曰：‘临之以庄,则敬；孝慈，

孝
孔子

则忠；举善而教不能，则劝。’”

也有不少人不是非常赞同儒家的“孝”，认为儒家讲“孝”过于绝对化，“父叫子死，子不死，子为不孝”就是他们认为最有力的证据，其实这其中很多是后人的误解。在《论语·里仁》中，“事父母几谏。见志不从，又敬不违，劳而不怨”。“几谏”，就是委婉地劝告。父母不肯接受，子女应保持恭敬的态度，替他们操劳而不应有所怨恨。等他们心情好了，再委婉地劝告。这里讲的就是如果父母有什么过错，子女是可以进行劝告和批评的，而不是一味遵从父母错误的决断。此外，在《韩诗外传》中曾有这样一个故事：孔子的学生曾参是有名的孝子。一天，曾参因为除草时的一个过失，误伤了幼苗。他的父亲曾皙就拿着棍子打他。曾参没有逃走，站着挨打，结果被打休克了，过一会儿才渐渐苏醒过来。曾参刚醒过来，就赶忙问父亲：“您受伤了没有？”鲁国人都觉得曾参是个孝子，并加以赞扬。孔子知道了这件事以后，告诉守门的弟子说：“曾参来后，不要让他进门！”曾参一头雾水，自以为并没有做错什么事，就让别人问孔子是什么原因。孔子说：“你难道没有听说过舜的事吗？舜作儿子时，父亲用小棒打他，他就站着不动；父亲用大棒打他，他就逃走。父亲要找他干活时，他总在父亲身边；父亲想杀他时，无论如何也找不到他。现在曾参在父亲盛怒的时候，也不逃走，任父亲用大棒打，这就不是王者的人民。使王者的人民被杀害，难道还不是罪过吗？”从这则故事中，我们可以看出孔子并不是赞同“父叫子死”。可见，孝不是不辨事理的愚孝。

曾参

第三节 佛教与孝

佛教刚传入中土时，曾经遭到儒家学者的反对，认为佛教的“落发剃度”是令人难以理解的，常用中国人自古就秉承着的“身体发肤，受之父母，不敢损伤”思想来攻击佛教剃发的不孝之举。儒之“孝”以奉养父母为先，也就是我们经常所说的“父母在，不远游”，一切以父母为大。难道佛家就是完全抛弃父母，归于尘土吗？其实不然，佛教是一个重视孝道的宗教。佛教的制度，出家必禀父母。如果有兄弟子侄可以托付，应该禀请于亲，亲人允许之后才可以出家，否则不允许剃落。其次，出家之后，如果兄弟等去世，父母无所倚托，也得减其衣钵之资，来侍奉父母。这与我们常常认为的一出家便忘却红尘、了断俗事是有很大出入的。

《父母恩重难报经》曾这样记载了母亲怀胎生产的艰难、危险以及养育儿女的艰辛，因此说：“假使有人，左肩担父，右肩担母，研皮至骨，穿骨至髓，绕须弥山，经百千劫，血流没踝，犹不能报父母深恩。”还有《菩萨·子经》云：“人有父母，不可不孝，道不可不学。济神离苦，后得无为，皆由慈孝学道所致。”说明慈孝与学道，是成佛的基础。这些都说明了佛教对“孝”的重视。

佛法并不是脱离世间而存在的，出家不是离家和弃家，对俗家父母应该尽孝，使自己修行提高，度化百姓，让父母、亲人都得到度化才是真正的大孝。以黄檗禅师大孝的故事为例，黄檗禅师出家后，认为“必须放弃恩情，达到无为时，方才是真实的报恩”。因此过了30年禅者的生活，却从来不曾回过家探望亲人。但是在他内心深处，非常念挂年迈的母亲。50岁时，有一次在参访的旅途中，他不自觉地就往故乡的方向走去。母亲也思念出家的儿子，可是却

无法得到音讯，每天从早到晚地哭泣着、忧愁着，把眼睛都哭瞎了。因为想念儿子，母亲就在路旁设个茶亭，不但亲自招待过往的云游僧人，并且将他们迎到家中，为他们洗脚，以示礼敬；但这也有另一方面的原因，那就是黄檗禅师左脚上有颗大痣，母亲的眼睛虽瞎了，但希望从这万分之一的机会中，可以认出谁是她的爱子。这一天，黄檗禅师也接受了母亲的招待，他一边让母亲洗脚，一边向母亲述说佛陀出家的故事，希望母亲能因此得到信仰、安心。黄檗禅师只将右脚给母亲洗，却不把左脚给母亲洗。黄檗禅师接连两次返家，虽然觉得与母亲难舍难离，但还是忍痛起程云游行脚，继续参访。邻居们忍不住将这个事实，告诉他的母亲说："那个向你讲释迦出家故事的人，就是你经常盼望的儿子。"母亲听后几乎疯狂地说："难怪声音好像我儿。"说后就赶忙追上去，一直追到大河边。不巧，这时黄檗禅师已经上船，而且船也开动了，母亲情急之下跳到河里，非常不幸地淹死了。黄檗禅师站在对岸看到母亲失足、落水溺死的情形，不禁悲从中来，即刻乘船返回，火葬母亲，说一偈曰："我母多年迷自心，如今华开菩提林；当来三会若相值，归命大悲观世音。"说完之后，乡人看见他母亲在火焰中升空而去。所谓孝顺有三：为小孝，甘脂奉养；为中孝，光宗耀祖；为大孝，度其灵识超升。黄檗禅师不可不谓之"孝"，他的"孝"是一种大孝，是普度众生的孝。

第四节 孝的地位及社会意义

"孝"的观念与孝文化源远流长，历经千百年来不断地演变发展，已经向我们展示具有完整、宏大规模的孝文化体系。历代学者认为，"孝"是中华文化的特点与核心。我们将从以下几点来了解

孝的地位：第一，“孝”是中华文化与中华伦理的鲜明特点之一。西方文化以及世界其他几个文明古国虽然也有关于“孝”的相关的理念，像敬养父母等，像司汤达就这样说过老人受尊敬，是人类精神最美好的一种特权。但是将其与中国的孝文化相比，还没有哪一种文化能与中华民族文化一样把孝道提到如此重要的地位，形成如此完整的孝文化体系。从孝文化的发展看来，孝道其实是中国文化向人际与社会历史横向延伸的大本营和生长点，因此“孝”是中国文化的纽结和核心，也必然成为儒家文化乃至中国文化的基本精神。第二，“孝”可以说是中国传统文化中出现最早的伦理观念。早在原始社会时期，就有“孝”观念的朦胧意识，在先秦时期就已经具有一定的基础和形成小规模的体系。这种以血缘为凝聚的孝文化从一开始就向我们展示了无比的生命力和生长力。所以中国人的“孝”意识是中华民族凝聚力的核心之一。第三，“孝”的基本精神还是中国传统社会诸多社会成员相待的依据，它广泛地渗透于传统中国的社会、经济、政治、宗教、军事、教育、文化、民俗等社会生活领域，从这个角度看，“孝”也是中国文化泛化的始发性观念和文化精神。

为什么“孝”在传统中国社会能成为民族文化的源泉，甚至把“孝”渗透到社会的方方面面，泛化为天地之则，“放之四海而皆准”的真理呢？总结起来说，“孝”在中国传统社会中之所以能有如此重要而影响深远的历史地位，其根源和基础主要有这么几点：首先，每种文明的形成都有属于自己的方式和道路，中华文明形成的特殊道路与特征决定了孝文化的重要地位。在人类社会的发展过程中，中国从古至今，有一些民族的基因是不能割断的，这也正是我们这个文明古国的传统文化能一直延续下来的基本因子。如我们以血缘宗法关系作为社会政治生活的基础和基本组织原则，

这也是中华文明的重要特征之一，而“孝”的最初含义正是敬养父母，维护民族宗法制度的一种宗族道德。其次，这是中国社会体制长期作用的结果所决定的。中国传统社会是一个农业社会，是以自给自足的小农经济为主导。直至今天，虽然已经步入了新时期，但这种运行机制在广阔农村依然存在。小农经济一般是以家庭为生产和消费的基本单位。而宗教、家庭的延续，就产生了对家长的侍奉和赡养的要求，甚至从民族的道德范畴、道德责任、道德义务及法律观念上明确起来，于是“孝”就这样必然自觉又不自觉地产生了。再次，这是由“家族单位”、“家族制度”所决定的。中国文明的源头和特征就是重视血缘关系，加之家庭的组织形式的客观存在，及对“族谱”的研究重视，就必然形成了中国社会生活的“家族单位”的特点，因而形成了中国人凡事以家为重的家族主义的想法与做法。中国人为了维护家庭的和谐，必须要提倡和践行尊老爱幼、奉养父母；社会要维护稳定，最后，还是由中国传统社会“家国一体”、“移孝作忠”的社会机制所决定。在中国社会，家是国的基础，国是家的放大。中国的文化传统之一就有“忠臣必出于孝子之门”之说。就如我们也会说的一个对父母都不孝敬的人，很难说对党、对国家、对人民忠心耿耿。这也是当家者要提倡“以孝治家”、当政者要提倡“以孝（德）治国”之缘由。可见，“孝”本身就是一种协调家庭、社会关系的人际道德。

了解了“孝”的地位以及产生这种地位的原因，就更利于我们了解“孝”的社会意义。孝文化发展到现在，经历了漫长的时期，其社会意义具有双重性质：进步性和束缚性。“孝”是精华与糟粕的相互交融，历史性与继承性的统一体。中国的传统孝道不论是以血缘为纽带的赡养父母的孝，还是以宗族法制为联系的敬君爱国的大孝，都是具有进步意义的，赡养父母的孝有利于维护家庭关系的

稳定、和谐，而家庭是社会的基础，家庭的和谐则间接地有利于社会的和谐。而敬君爱国的大孝则直接能使社会稳定和谐。简单概括起来有几点：

首先，“孝”可以使家庭和睦。从家庭角度来看，实行孝道，可以使长幼有序，规范人伦秩序，促进家庭和睦。家庭稳定，那么有助于社会稳定；家庭不稳定，可能导致社会不稳定。所以，儒家非常重视家庭的作用，强调用孝道规范家庭。

其次，“孝”可以使人们报国敬业。中国的孝道推崇忠君思想，倡导报国敬业。在传统的封建社会，君有时候是可以等同于国的。由此看来，践行孝道，我们就必须做到在家要侍奉好父母，在外要侍奉好比自己职位高的人，甚至是辅佐国君。虽然这其中有对上位的愚忠的不良成分，但是不能否认的是报效国家和爱国敬业的思想在传统社会及至几千年后的今天都是有着积极进步的意义。

再次，“孝”还具有凝聚社会的作用。就我们所知，儒家对“孝”十分提倡，这与儒家思想产生的社会大动荡背景是分不开的。孝道的思想可以规范社会的行为，建立相关的礼仪制度，有利于调节人际关系，凝聚社会。客观地讲，孝道思想为封建社会维持其社会稳定提供了意识形态，为中国的一统起到了积极的作用。

最后，“孝”有利于塑造文化。中华民族文化历经岁月的洗礼，历代都有损益变化，才逐渐演变和发展成为流光溢彩的灿烂文化，而孝道的思想始终引领着几千年中华民族文化的发展方向。毫不夸张地说，中华民族文化之所以能够同化无数外来文化，在世界文化之林屹然耸立，其根本原因在于孝道文化；中华民族文化之所以经久不衰，成为古代世界文明延续至今的唯一的古文明，其根本原因也在于孝道文化。

第五节 孝的现状和传承

孝道在“五四”时期受到不同的批判，遭到了巨大的破坏，成为了孝文化发展的一个断层，但是孝文化在人们的心中却是根深蒂固，这种孝道的影响并不会因为一时的破坏而终结。而“孝”发展至今，虽然传统孝文化深入人心，但是随着社会的不断变化发展，情况又发生了新的变化。

首先，促使“孝”发生变化的是社会经济的发展。工业化、商业化的社会经济逐步占重要地位，以及经济生产方式的变化、城市化、城镇化都从根本上改变了从前的大家庭式和宗族式的生活模式。在城市，未婚子女成婚后，往往离开了父母的家庭而另组小家，剩下父母单独生活，或是年轻人为事业和生活付出很多的精力，忙碌中难以照顾父母，抑或是为了拥有独立的生活空间，子女一般搬出去住而不是与父母长期生活在一起，这都影响了“孝”的发展。而近年来不断完善的养老保险体制，以及变化了的城市居民养老方式都为这种生活方式提供了一定的基础。现在很多老人退休之后有固定的退休金，具有一定的经济能力，不再需要靠子女抚养。渐渐地，“孝”的观念也在这种氛围中慢慢地淡化。在农村，传统的社会农业生产方式的改变，机器化大生产的遍及，使得劳动力出现了大量的剩余，大量的人口不断地外出，传统的集体劳作已经不适应经济的发展，且传统的“四世同堂”、“五世同堂”的家庭模式也鲜见，父父子子的孝行关系在农村再也不像传统社会那样难以侵犯了。也许此时你满口家规、族法或是专制的孝道，则会被人耻笑为“老古董”。

除了社会经济的发展影响了孝文化的传承，其次从文化本身看来，当今社会不再落后闭塞，而是不断地与世界各国文化进行交流

孝

融合。其他文化的传入则势必会对中国传统文化诸如孝文化等产生强烈的冲击。

从下面一个现象我们不难看出，孝文化在今天社会的发展并不是一帆风顺的。当今中国社会流行的一个名词即“啃老族”。“啃老族”是指社会中的一些年轻人受到一些思潮影响及目前中国社会市场经济的冲击，其价值观、人生观、世界观发生扭曲的现象。虽然这种啃老趋势还不算是主流形式，但却不容我们忽视，认为这只是历史的偶然作用罢了。“啃老族”并非找不到工作，他们大多主动放弃就业机会，呆在家中，衣食住行全靠父母，花钱如流水。啃老族的出现，提醒了我们，对孝文化的传承、孝行为的倡导、孝行观念的弘扬应该成为整个社会共同的责任。

当然，我们不应对“孝”的发展抱着过于悲观的看法，必须认清，虽然当前社会存在着不利于“孝”发展的因素，但是孝文化的不断发展还是占据主导地位，是当前社会的主流形式。像“感动中国十大人物”以及不少电视媒体报导的孝子人物都不在少数，他们的行为感动着每位中国人。如辽宁大连就传颂着这样一个孝子：父亲因脑出血成了植物人，作为儿子的王希海每天晚上12时准点喂父亲吃下第五顿饭。为了让父亲躺着舒服，他用8个枕头垫在父亲的后背、腿下等不同部位。老人瘫痪多年不会自己吐痰，经常会被痰噎着，每次他都把一根胶皮软管的一头伸到父亲喉咙里，为父亲吸痰。24年如一日照顾着不能自理的父亲，深深感动了成千上万的人，还被国家有关部门授予“中华孝亲敬老之星”的称号。还有一则山东墨县孝子的例子：他的名字叫刘世发，他患癌症已有7年，为了让65岁的老母亲开开心心安度晚年，他不但向母亲隐瞒了病情，而且还偷偷为老人办了存折，给老人存起了养老钱。直到半月前，刘世发病情再度恶化，老人才从一个电话中偶然得知儿子的真

啃老一族

实病情和良苦用心。读到这里我们都会忍不住拭一把泪。从这两则例子可以看出中国的孝文化还在不断地发展着，它并没有随着社会的发展而成为历史，而是深入人心，传承着历史的积淀和时代的变化，成为更具光彩的中国孝文化。

我们每个人都不是独立存在的个体，个人与个人、个人与社会都有着密切的联系。人与人之间的关系又是人与社会关系的基石，人与人之间并不是如木石般无情无义，是有情的，而这情可以说是发端于“孝”。如果对父母都不孝，又怎么能期待这个人对他人、对社会有爱心,有仁义呢?“孝”是和睦家庭的重要保障，是和谐社会的重要基础，也是构建和平世界不可或缺的重要因素。所以崇“孝”、倡“孝”成为又一大任务，并且是迫在眉睫的任务。

社会是不断地向前发展的，人类的历史也会在这种发展中得到延续。而作为人类历史的附属品——文化也是在不断地变化发展，文化在其历史发展的过程中，不可避免地打上了时代的烙印。作为中国传统文化的重要组成部分——孝文化当然也摆脱不了这种轨迹。“孝”是中国的凝聚力，连接着传统与现代，则必然带有鲜明的“中国”、“现代”特征。而因为孝文化具有这种特征，在对待“孝”时，我们就应该更慎重，将对“孝”的审视、思考与构建相结合，不能偏颇其一，否则都会不利于孝文化的发展。只有这样我们才能达到弘扬“孝”的目的，再创辉煌的孝文化。

总之， 实行孝道，弘扬孝文化，能使父子笃、兄弟睦、夫妇和。家和才能万事兴；而懂孝的人，必定是一个既具有个人修养，又懂得孝敬父母，对他人有爱心的人。“孝”能使个人提高修养，处理好人际关系，是十分有益的。而弘扬孝文化的民族则必然会成为强大的民族。

平安宅
囍
囍

第叁章

说节

“忠、孝、节、勇、和”作为中华民族传统美德的要素，各自所代表的价值并不相同。“忠、孝”是中国社会基础性的道德价值观；“勇”代表着中华民族自强不息的精神；“和”则贯穿“十德”的始终；而“节”表现的是一种普世价值，成为衡量人格、评价社会风气的标准之一。在《说文解字》中，许慎认为，“节，操也。”《左传·文公十二年》注：“节，信也。”《周易·杂卦》则曰：“节，止也。”而《周易·疏》概括为：“节者，制度之名，节止之义，制事有节，其道乃亨。”其实，一言以蔽之，“节”就是一种操守，一种信念、信仰，一种适可而止的节制。

“节”刚开始的含义一为外交使臣，取符节之意；二为调节、控制之意。而到《左传》中，“节”的用法基本成熟，可以用来指法度、节度、礼节、合理的安排和规定以及节制等意。由礼节引申出节操、操行，表示对规定礼节和道义的遵守，初步具备了气节之意。

因此，狭义的“节”可理解为坚持正义，在敌人或压力面前不屈服的品质。“朝闻道，夕死可矣”，揭示的是气节的源泉；“鞠躬尽瘁，死而后已”，归纳的是气节的拓展；“英雄生死路，却是壮游时”，抽象的是气节的升华。经过世代培育、弘扬、传承的气节和信念，是数千年来支撑中华民族生生不息、弱而复强、衰而复兴的灵魂和脊梁。

先秦儒家的气节观长期影响着中国士人，虽然在先秦之后的历史上，气节观念也有一定程度上的变异。宋代随着封建化的加强，“忠”的观念在民众意识中占据了主体地位，但那时的“忠”相对来说有一定的盲目性，对于气节的理解也发生了一定程度的扭曲。而近代，在国家民族生死存亡之际，气节演化为一种民族的精神气

质，即高尚的民族气节，成为了民族精神最为宝贵的内核，敦促一批批仁人志士挺身而出，为维护正义和民族尊严甘愿抛头颅、洒热血。气节已经成为了维护社会正义和秩序，维护民族尊严和拯救民族危机的代名词。从总体上看，气节集中体现着我们民族的道德理想和道德精神、人格风范和圣贤气象。

而从广义上来看，“节”除了我们平常所说的高风亮节之外，还有相对偏义的贞节、节制。贞节是封建时代约束妇女的道德规范，要求妇女要谨守妇道，不与男子接触，婚后要“从一而终”，夫死不得再嫁，要为丈夫终身守节甚至殉葬等。而节制则是要遵循事物的发展规律，把握好分寸，在事物允许的范围之内对其进行改造，不滥用手中的权利，断绝事物继续发展的时机。

讲气节、重操守、重名节、轻利欲、懂分寸，历经千百年的锤炼和发展，熔铸成为不图名利、为政清廉、公正无私的高尚品质，克己为人、自强不息、奋发有为的伟大精神和崇高的民族气节，成为中华民族自尊自强的精神支柱和一个人永葆铮铮铁骨的人格追求。

第一节 个体气节

所谓“个体气节”，指的是一个人坚守着“富贵不能淫、贫贱不能移、威武不能屈”的高尚的精神情操。一个对荣华富贵垂涎三尺，不择手段追求享乐的人，一般来说很难保持气节。这是因为这种人意志薄弱，缺少骨气，忍受不了贫穷的生活，容易在困难面前低头，没有以贫为乐的达观精神，面对困境怨天尤人。抱有这种价值观的人，是不会在困境面前保持气节的。反过来，他们更容易在是非困难的考验面前，见利忘义，出卖良心，亵渎正义。

先夫

陈世美家境贫寒，与妻子秦香莲恩爱和谐。十年苦读后，陈世美进京赶考，中状元后被仁宗招为驸马。秦香莲因为长期得不到丈夫的音讯，便带着儿子上京寻夫，但陈世美不肯与其相认，并派韩祺半夜追杀。韩祺不忍下手只好自尽以求义，秦香莲反被误为凶手入狱。在陈世美的授意下，秦香莲被发配边疆，半途中官差奉命杀她，幸为展昭所救。包拯想要治陈世美的罪却苦于没有实证。接着，陈世美假意接秦香莲回驸马府，又以两个儿子逼迫秦香莲在休书上盖印。展昭不辞辛劳到陈世美家乡寻得人证韩祺家夫妇，半途上祺大娘死于杀手刀下。最后包拯找到人证物证，将要定驸马之罪，公主与太后都赶来阻挡，但包拯终不让步，将陈世美送上龙头铡，结果他罪恶的性命。陈世美抛弃糟糠之妻，忘恩负义，与其没有高尚的情操不无关系。一旦利益放在眼前就全然不顾多年的夫妻恩爱之情，熏心的利益吞噬了陈世美作为一个人的气节。

而陶渊明“不为五斗米折腰”的气节，则为后代众多文人学士所称道。陶渊明是东晋后期的大诗人、文学家，他的曾祖父陶侃是赫赫有名的东晋大司马、开国功臣，祖父陶茂、父亲陶逸都做过太守。但到了东晋末期，朝政日益腐败，官场黑暗。陶渊明生性淡泊，在家境贫困、入不敷出的情况下仍然坚持读书作诗。他关心百姓疾苦，怀着“大济苍生”的愿望，出任江州祭酒。由于看不惯官场上的那一套恶劣作风，不久就辞职回家了，随后州里又来召他做主簿，他也辞谢了。后来，他陆续做过一些官职，但由于淡泊功名，为官清正，不愿与腐败官场同流合污，而过着时隐时仕的生活。陶渊明最后一次做官，是义熙元年（405年）。那一年，已41岁的陶渊明在朋友的劝说下，再次出任彭泽县令。到任81天，碰到浔阳郡派遣督邮来检查公务。浔阳郡的督邮刘云，以凶狠贪婪远近闻名，每年两次以巡视为名向辖县索要贿赂，每次都是满载而归，

秦香莲
陈世美

否则栽赃陷害。县吏说：“当束带迎之。”就是应当穿戴整齐、备好礼品、恭恭敬敬地去迎接督邮。陶渊明叹道：“我岂能为五斗米向乡里小儿折腰。”意思是我怎能为了县令的五斗薪俸，就低声下气去向这些小人贿赂献殷勤。说完，挂冠而去，辞职归乡。他原本可以活得舒适，荣华富贵，至少衣食不愁，但那要以人格和气节为代价，于是他选择了艰苦但宁静而自由的田园生活。有得必有失，陶渊明获得了心灵的自由，获得了人格的尊严，写出了具有独特风格并流传百世的诗文。为后人留下了宝贵的文学财富和弥足珍贵的精神财富。

在民间，流传着这么一个故事，讲的是古代有一个穷人，饿得快死了，有人丢给他一碗饭，说：“嗟，来食！”（喂，来吃！）但万分饥饿的那个穷人却拒绝了“嗟来”的施舍，不吃这碗饭，以至于饿死了。不食嗟来之食这个故事很有名，传说了千百年，也是有积极意义的。那人摆着一副慈善家的面孔，吆喝一声“喂，来吃”！这个味道是不好受的。吃了这碗饭，第二步怎样呢？显然，他不会白白施舍，吃他的饭就要替他办事。那位穷人是有骨气的：看你那副脸孔、那个神气，宁可饿死，也不吃你的饭。

除了面对金钱和地位意志不为其所迷惑，生活贫困、社会地位低下而不改变自己的志向之外，还要有不向暴力屈服的勇敢和毅力。

汉武帝天汉元年（前100年），苏武以中郎将之职奉命出使匈奴。由于匈奴的缑王谋划劫持单于母亲阏氏归顺汉朝，而汉朝的副使张胜牵涉在内，苏武也受牵连。匈奴单于为了逼迫苏武投降，开始时将他幽禁在大窖中，苏武饥渴难忍，就吃雪和旃毛维生，但绝不投降。单于又把他弄到北海（今苏联贝加尔湖），苏武更是不为所动，依旧手持汉朝符节，牧羊为生，表现了顽强的毅力和不屈的

陶渊明

气节。后来，昭帝即位后，汉朝和匈奴和亲，汉朝要匈奴送还苏武等使臣，但单于却谎称苏武等人已经死去。后来，汉朝使者又到了匈奴地区，终于得知苏武依然健在，于是谎称汉朝的天子在上林苑中射到一只大雁，雁的脚上系着帛书，帛书中清楚地写着苏武在北方的沼泽之中。单于只好把苏武等9人送还，在匈奴被困19年的苏武终于回到了汉朝。

与苏武同时代的司马迁也怀着同样不屈的气节书写了一段铭刻于历史的故事。苏武出使匈奴的第二年，汉武帝派贰师将军李广利带兵3万，攻打匈奴，打了个大败仗，几乎全军覆没，李广利逃了回来。李广的孙子李陵当时担任骑都尉，带着5000名步兵跟匈奴作战，终因寡不敌众，后面又没救兵，最后只剩了400多汉兵突围出来。李陵被匈奴逮住，投降了。李陵投降匈奴的消息震动了朝廷。汉武帝把李陵的母亲和妻儿都下了监狱，并且召集大臣，要他们议一议李陵的罪行。大臣们都谴责李陵不该贪生怕死，向匈奴投降，只有司马迁站出来为李陵说话，然而这触怒了汉武帝，于是司马迁被投下了监狱，交给廷尉审问。审问之后的结果是判处司马迁腐刑。一贫如洗的司马迁拿不出钱为自己赎罪，万般无奈之下只能接受刑罚。受刑后的司马迁一度想自杀，但他想到自己有一件极重要的工作没有完成，不应该死。当时司马迁正在用全部精力写一部书，这就是我国古代最伟大的历史著作《史记》。忍受着生理和心理上的巨大痛苦，司马迁全身心地投入到了《史记》的编著上去。如果没有太史公当初的不畏强暴，用惊人的毅力来编撰史书，那么作为后人的我们也就看不到这部“穷天人之际，通古今之变，成一家之言”的巨著了。

个体气节为个体道德提供正确的价值导向，一个人只有拥有高尚的气节，才能成就个体道德人格以及个人道德人格的精神魅力。

第二节 民族气节

所谓“民族气节”，就是一个民族所坚持的信仰追求、文明准则、价值尺度,包括高尚道德、优秀品质等等。这种气节，几乎都是通过每个民族的儿女在面对外族的侵略，事关本族安危时所表现出来的临危不惧、大义凛然、视死如归、为国家贡献自我的气魄来传承的。古今中外，无数仁人志士为坚守民族的气节抛头颅、洒热血，震撼人心。

戚继光是明代著名抗倭将领、民族英雄、军事家、武术家。嘉靖三十四年调到浙江，任参将，积极抗御倭寇。他鉴于卫所军有不习惯战阵的弱点，恳请获准后亲自去义乌招募农民和矿工，组织训练一支3000多人的新军。他治军有方，教育将士要杀贼保民，严格军事训练，“教以击刺法，长短兵选用”，排演自己创制的鸳鸯阵。由于新军将士英勇善战，屡立战功，被誉为“戚家军”。嘉靖四十年，倭寇烧杀抢劫浙东，戚继光率军在龙山大败倭寇。然后又赶往台州地区，扫平了浙东的倭寇。次年率6000精兵援助福建，捣破倭寇在横屿的老巢。嘉靖四十二年再援福建，升总兵官，与刘显、俞大猷分三路进攻平海卫，杀敌无数。次年春，又大败倭寇于仙游城下，福建的倭患于是逐渐平息。嘉靖四十四年又与俞大猷会师，歼灭广东的倭寇。至此，东南沿海倭患完全解除。戚继光是当之无愧的民族英雄，坚守爱国爱民、身先士卒的高尚气节，保全了家园，避免百姓遭受外族侵害而流离失所，同时消除了长期为患的倭寇，加强了国人对抗击侵略的信心以及斗志。

自古以来，牺牲在战场上，一直是爱国军人引以为豪的志

魏

向。特别是那些明知死在眼前仍勇敢赴难的人，更令人崇敬。在中日甲午海战中牺牲的邓世昌就是这样的人。邓世昌是我国最早的一批海军军官中的一个，是清朝北洋舰队中“致远”号的舰长。他有强烈的爱国心，常对士兵们说：“人谁无死？但愿我们死得其所，死得值！”1894年，中国和日本之间爆发了甲午战争。邓世昌多次表示：“如果在海上和日舰相遇，遇到危险，我就和它同沉大海！”这年9月的一天，日本舰队突然袭击中国舰队，一场海战打响了，这就是黄海大战。战中，中国担任指挥的旗舰被击伤，大旗被击落，邓世昌立即下令在自己的舰上升起旗帜，吸引住敌舰。他指挥的“致远”号在战斗中最英勇，前后火炮一齐开火，连连击中日舰。日舰包围过来，“致远”号受了重伤，开始倾斜，炮弹也打光了。邓世昌感到最后时刻到了，对部下说：“我们就是死，也要壮出中国海军的威风，报国的时刻到了！”他下令开足马力向日舰“吉野”号冲过去，要和它同归于尽，这大无畏的气概把日本人吓呆了。不幸一发炮弹击中“致远”舰的鱼雷发射管，管内鱼雷发生爆炸导致“致远”舰沉没。200多名官兵大部分牺牲。邓世昌坠身入海，随从抛给他救生圈，他执意不接，爱犬“太阳”飞速游来，衔住他的衣服，使他无法下沉，可他见部下都没有生还，狠了狠心，将爱犬按入水中，一起沉入碧波，献出了宝贵的生命，享年45岁。

同邓世昌一样不愿向敌寇妥协的还有京剧大师梅兰芳，他在抗战期间断然蓄须明志，不为民族敌人演出，表现了一代艺豪不屈不挠的刚强骨气。这一事件成为神州大地感人的佳话，在中华儿女中广为传颂，极大地鼓舞了中国人民奋勇抗战的决心。1941年12月，日本侵占香港的那天，留居在香港的梅兰芳蓄起唇髭，没几日，浓黑的小胡子就挂在脸上。他年幼的儿子梅绍武好奇地

邓世昌

问：“爸爸，您怎么不刮胡子了？”梅兰芳回答：“我留了小胡子，日本鬼子还能强迫我演戏吗？”不久，他回到上海，住在梅花诗屋，闭门谢客，时常在书房里的台灯下作画，年复一年靠卖画和典当度日。上海的几家戏院老板，见他生活日渐窘迫，争先邀他出来演戏，都被婉言谢绝。有一天，汪伪政府的大头目褚民谊突然闯到梅兰芳家，要他作为团长率领剧团赴南京、长春和东京轮回演出，以庆祝所谓“大东亚战争胜利”一周年。梅兰芳用手指着自己的唇髭，沉着说道：“我已经上了年纪，没有吊吊嗓子，早已退出舞台了。”褚民谊阴险地笑道：“小胡子可以刮掉嘛，嗓子吊吊也会恢复的。”笑声未落，只听梅兰芳一阵讥讽的话语：“我听说您一向喜欢玩票，大花脸唱得很不错。我看你作为团长率领剧团去慰问，不是比我更强得多吗？何必非我不可！”褚民谊听到这里，那肥嘟嘟的脸蛋顿时敛住笑，红一阵白一阵，吱唔了两句，狼狈地离开了。

还记得在那个白色恐怖的年代，鬼子们来村里扫荡，为了不让父老乡亲们受罪，刘胡兰挺身而出，承认自己是共产党员。她不管敌人怎样利诱，就是不肯透露情报；不管敌人怎样要挟，心里只有共产党；不管敌人怎样严刑拷问，嘴里就只有一个“不知道”。在敌人滴血的铡刀前，她留下了一句：“怕死不当共产党员！”声势磅礴，气壮山河，这惊天动地的声音让敌人心惊胆颤。她死的时候还不到15岁，是女烈士中最年轻的一个。毛主席为她题下了 “生的伟大，死的光荣”8个大字。在革命战争年代，国难当头之时，大批的英勇之士，挺身而出，表现出高尚的民族气节和大无畏的民族精神。而在当今和平时代，民族气节则更多地表现为民族尊严。中国留美女学生曲小雪维护人格和祖国尊严的故事曾震撼一时，现在依然令人心生感动和敬佩。

梅兰芳

曲小雪留学美国，到露意丝太太家勤工俭学，在多次受到令人难以忍受的侮辱之后，她决定辞工。而老太太的儿子、银行家爱德华却蛮横地拦住了她，并声称，中国人比他最看不起的黑人都不如。事关中国人的尊严，曲小雪不卑不亢，针锋相对："不要污辱我们中国人，我可以告诉你我身边的一个例子。在我所在的大学里，我们班有50个读硕士学位的，可47个都是我们黄皮肤、黑头发的中国人。而遗憾的是，你的同胞只有3个，而且还是倒数三名，但我们没有看不起他们。"爱德华母子恼羞成怒，竟对弱小的曲小雪进行人格侮辱和毒打，致使曲小雪膑软骨永久性挫伤、脊椎骨错位弯曲以及严重脑震荡。更让人难以忍受的是，爱德华母子竟恶人先告状，告她无理取闹。无奈之下，曲小雪被迫四处求告。在后来漫长的4年里，她忍受着病痛的折磨、法庭内外的巨大压力以及种种意想不到的困难，最后，使这场官司由地方法庭一直打到最高巡回法庭。法庭上，曲小雪以超群的智慧击败华盛顿三位大律师"庭外和解"的企图。法官被迫宣判被告赔款5250美元，并当场向原告赔礼道歉。曲小雪接过支票，向全场抖了抖，义正辞严地说："刚才被告不得不向我公开道歉之后，你们又非常及时地在法庭上公开给我递上这张支票，你们这样做，是想造成一种印象：这个中国姑娘之所以旷日持久地坚持要打这场官司，无非就是为了这张支票，让人觉得钱是这场官司的目的，也只有钱能为这场官司画上句号。可你们错了！至少我这个中国人，当然，还有许许多多的中国人都决不会在你们的美元面前低下自己高贵的头！我打这场官司，是为了讨回我做人的尊严！尊严！美元，在我的尊严面前一分不值。见鬼去吧！美元。"曲小雪把5000多美元的支票一点一点地撕碎，抛向法庭的上空。

曲小雪

在这里，曲小雪讨回的不仅是个人的公道，还有一个拥有13亿人口，拥有五千年文明的伟大民族的尊严！一直以来，中华民族就是一个具有坚忍不拔、不屈不挠精神的民族，气节作为宝贵的传统伦理资源，在对中华民族精神的培养方面具有重要意义。

气节是中华文化的特有范畴,也是一个非常重要的范畴,几千年中华文明史离开它就无法得到全面理解。“三军可夺帅也，匹夫不可夺志也”；“石可破也，而不可夺坚；丹可磨也，而不可夺赤”；“舍生而取义”；“富贵不能淫，贫贱不能移，威武不能屈”等崇高气节，都给中华民族以深远的影响。中华民族历史上所涌现出的许多志士仁人，都继承和发扬了中华民族特有的崇尚气节的传统美德。也正是民族崇尚气节的传统美德，对培养我们民族的正义感，形成民族的浩然正气，铸造民族的精神品格，乃至构成民族的见义勇为、当仁不让、舍生取义等人生价值准则起着极其重大和深远的影响。

对于一个人来说，气节是人生的灵魂和精神支柱。气节存则人生立，气节失则人生堕。高尚、坚贞的气节是人生的强大精神支柱和实现自身价值的巨大精神动力。凡是那些受人尊敬的、有所作为的人，都是有气节的人。坚韧不拔、拼搏进取的人生追求意识，积极健康、科学文明的生活方式，和谐融洽、团结协作的人际关系，不怕挫折、乐观向上的积极人生态度，等等，无不直接或间接地源于对高尚气节的追求和保持。而要做一个合格的中华民族的国民，就必须有一股坚贞不可屈、洁身不可染、人伦不可失、操守不可改的气节。坚守中华传统美德，就是继承中华民族流传下来的文明遗产。

生的偉大
死的光榮
毛澤東

第肆章

说勇

“勇”是中国重要的传统文化，更是重要的传统美德。我们要发扬传统美德，就要深入地去了解它，把握它的基本内涵。

要了解“勇”，就得从它的源头说起。在古代中国，常见的“勇”的写法有三种：第一是从力甬作“动”，按照现在的说法是以“甬”作声旁，以“力”作形旁。“动，气也”。意思是说，“动”即“勇”，是与气有关的，这种气不是自然的，而是由内向外散发的。第二种是从甬戈作“甬戈”。第三种是从心甬作“恿”，从心即与心有关，是与心有关的一种力量。清代学者段玉裁在《说文解字注》中曰：“勇者，气也。气之所至，力亦至焉，心之所至，气乃至焉。”意思是说，“勇”是一种能激发起人行动的“气”，这种“气”到达的地方，力量也会到达，“心”到达的地方，“气”也会到达。“心”、“气”、“力”三者相互联系，相辅相成，所以古文的“勇”都从“心”。现在对“勇”通行的定义有三种：一是有胆量，敢做，如勇敢、勇气、勇士；二是中国清代称战争时期招募的士兵，如兵勇；三是一种姓。而《汉语大词典》将“勇”解释为勇敢、勇猛。对于“勇猛”的解释是勇敢有力，“勇敢”是指有勇气有胆量，“勇气”则指的是敢作敢为毫不畏惧的气概。所以“勇”通常表达为“勇气”和“勇敢”。就其性质而言，“勇”属于道德意志范畴，只有具有坚强不屈的意志与无所畏惧、勇往直前的精神才称得上“勇”。而现代在此基础上又衍生出许多新意，像克服困难、拒绝诱惑、见义勇为等等。

“勇”在时间的锤炼下有了新意，那么在古代，各位大家对它又有怎样的认识与见解呢？它经历了什么演变呢？

第一节 孔子:知、仁、勇

“仁”是贯穿孔学思想体系的基本观念，“勇”原本与“恭、信、敏、惠、智、忠、孝、悌”等一样，隶属作为道德准则的“仁”的统治下。在孔子的思想体系中，“勇”作为一种为善的力量是一种重要的观念，受当时社会观以及对人才需求的影响。孔子把“勇”提到了重要地位，且多次谈到“勇”。孔子曾经把培养和塑造“勇”的人格观念作为教育弟子的一项重要内容，常常把“勇”作为讨论的话题，让弟子们认识“勇”的重要性。“仁者必有勇，勇者不必有仁”（《论语·宪问》），“仁”中一定包含了“勇”，而“勇”未必能做到“仁”，当然也不排除勇者也有“仁”的情况存在。“勇”与“仁”的关系很明显，一如“孝”，“仁”一定包含了“孝”，而“孝”未必能做到“仁”。孔子对“勇”的肯定，是建立在“勇”属于仁德之一的基础上，见义勇为的人，首先是有了仁心，然后去做。“勇依于仁，而立于礼”。子路问孔子什么是“完人”，孔子说：“像臧武仲那样的智慧，孟公绰那样的不贪心，卞庄子那样的勇敢，冉求那样的多才多艺，再用礼乐加以修饰，就是完人了。”孔子这里说的“勇”还只是单纯的勇气，而单单只有勇气还不够，须用礼乐加以修饰，即用“礼”为标尺来衡量“勇”。在《论语·泰伯》篇中有“勇而无礼则乱”，也就是说“勇敢而不符合礼就会作乱”。“勇”一旦失去“礼”的约束，就会无视国法叛乱，可见徒有“勇”还不行，唯有遵循“礼”才会成为勇

知
仁
勇

德。当然“勇”还需合乎“义”，“义者，宜也”，意思是做事要合乎事宜，凡事不可太过。所以要做到“勇”，就要“发乎仁，适乎礼，止乎义”，如此便可称得上“勇”。

“知、仁、勇”是孔子提倡和赞美的完美人格，并且孔子一生都在追求实践“知、仁、勇”这三者结合的完美人格。“知”通“智”，即智慧；“仁”是仁义，仁爱；“勇”是勇气。孔子曾把这三种人格比喻成不凋的松柏人格。《国语·晋语七》记载晋国大夫韩献子年老辞位，晋悼公让其长子无忌为公族大夫，韩厥拒绝说：“在厉公被杀时，无忌作为公族大夫，不能以身殉难。我听说：‘没有功劳的人，不敢居于高位。’现在无忌论智慧不能匡正国君，使国君遭到祸难，论仁义不能拯救君王，论勇气不能以身殉国，怎敢再玷辱君朝并辱没韩氏宗族呢？”在这里韩厥也是把“智”、“仁”、“勇”视为理想人格的三种高尚品格，可见追求“知、仁、勇”在当时是很普遍的看法。

在《论语·宪问》中，孔子说：“知、仁、勇三者，天下之达德也。所以行之者大。”孔夫子的意思是说智慧、仁义、勇气这三者是通行天下最基本的品德，所以实行它的人很重视这三种品德。孔子还说，君子应该具有的品质分别是“知”、“仁”、“勇”，并且指出了它的特征，那就是“知者不惑，仁者不忧，勇者不惧”。有智慧的人不会迷惑，有仁爱的人不会担忧发愁，有勇气的人不会害怕。孔子还说：“君子所行有知、仁、勇，而我不能有其一。”孔子认为君子应当具有三种品德即智慧、仁爱、勇敢，但是他认为自己不具有这三者的其中之一，从孔夫子的谦虚之辞中，可以看出具备知、仁、勇三种品德的重要性。

第二节 孟子:理性之勇

另一位儒家大师孟子为探讨怎样才能达到“勇”的境界提出了著名的“我善养吾浩然之气”的学说，提倡仁政、知言、浩然正气，这三者是“仁、智、勇”有机统一的完美人格的继承和发展。而孟子在继承前人的基础上，在对“勇”进行界定和论述的同时，对“勇”作了不同层次的划分。

首先是北宫黝之“勇”。“北宫黝之养勇也，不肤挠，不目逃，思以一豪挫于人，若挞之于市朝；不受于褐宽博，亦不受于万乘之君；视刺万乘之君，若刺褐夫；无严诸侯，恶声至，必反之。”（《孟子·公孙丑上》）这段话的意思是北宫黝这个人这样培养勇气：肌肤被刺不后退，眼睛被刺不转动，但他觉得，若是受了一点委屈，就好像在大庭广众之下被人鞭笞了一样；既不受平民百姓的羞辱，也不受大国君主的羞辱；把刺杀大国君主看作跟刺杀平民百姓一样；不畏惧诸侯，听到了恶言，一定会回击。北宫黝的“勇”打在身上不回击，不畏权贵，一旦遭到冒犯就会反击，这种做法在当时孟子所处的那个贫富、贵贱、尊卑有着森严等级的时代也不失为一种“勇”。其次是孟施舍的“勇”。“孟施舍之所养也，曰：‘视不胜犹胜也。量敌而后进，虑胜而后会，是畏三军者也。舍岂能为必胜哉？能无惧而已矣。’”这段话的大意是孟施舍这个人是这样培养勇气的，他说：“把不能取胜看作能取胜。估量敌人的势力后才前进，考虑到能够取胜再交战，这是畏惧强大的敌人。我又哪能做到必胜？能无所畏惧罢了。”孟施舍的“勇”，是打仗不管能否取胜，都

孟施舍

像必胜一样向前冲，此乃“守气”的无惧之勇。第三种是曾子的“反求诸己”之“勇”。“孟施舍似曾子，北宫黝似子夏。夫二子之勇，未知其孰贤，然而孟施舍守约也。昔者曾子谓子襄曰：‘子好勇乎？吾尝闻大勇于夫子矣：自反而不缩，虽褐宽博，吾不惴焉；自反而缩，虽千万人，吾往矣。’孟施舍之守气，又不如曾子之守约也。”孟施舍像曾子，北宫黝像子夏。这两个人的“勇”，不知谁强些，但是孟施舍把握了要领。从前曾子对子襄说：“你喜欢勇敢吗？我曾经在孔子那里听到过关于大勇的道理：反省自己觉得理亏，那么即使对普通百姓，我也不去恐吓；反省自己觉得理直，纵然面对千万人，我也勇往直前。”孟施舍的保持勇气，又不如曾子能把握住要领。曾子通过自省，发现如果真理不在自己这边，即使面对的是最卑贱的人，也会自觉惭愧而害怕；反之，若确定掌握着真理，那么虽对着千军万马也要义无反顾地向前冲。

孟子在论述完这三种“勇”之后，紧接着表明了自己的态度：北宫黝虽勇于对抗权贵，凭过人的气势彰显了果断、坚毅之“勇”，但却缺乏理性和思考，因而只是血气之“勇”。相较之下，孟施舍要胜于北宫黝，因为孟施舍能够由心出发，做到内心的不畏惧，不过孟施舍养“勇”的方法又是通过无我或忘我从而达到“无惧”，因而也只是神勇或者说主观上的“勇”，他与北宫黝之“勇”一样都缺乏“理”的内涵，所以孟子认为孟施舍又不如曾子“守约”。由此我们可以看到，在孟子的心目中不同类型的“勇”是有层次和境界之分的，只有曾子之“勇”才是“勇”的最高层次和理想境界，才是真正的德勇，因为他“勇”中有怯，“勇”中有思，能够通过道德自省来确定正义与否，进

北宫黝
孟施舍

而作出勇与不勇的行为选择。可见，孟子的“勇”不是动辄而起，不是不顾效果的匹夫之“勇”，而是深明大义，能够作出进退选择的“理性”之“勇”。

第三节 荀子:士君子之勇

先秦儒家最后一位大师荀子也主张“勇”是有等级的，不过与孟子所说的并不相同。《荀子·性恶》篇：“有上勇者，有中勇者，有下勇者。天下有中，敢直其身；先王有道，敢行其意；上不循于乱世之君，下不俗于乱世之民；仁之所在无贫穷，仁之所亡无富贵；天下知之，则欲与天下同苦乐之；天下不知之，则傀然独立天地之间而不畏：是上勇也。礼恭而意俭，大齐信焉，而轻货财；贤者敢推而尚之，不肖者敢援而废之：是中勇也。轻身而重货，恬祸而广解苟免，不恤是非然不然之情，以期胜人为意：是下勇也。”意思是说，勇之大类，有上等的勇敢，有中等的勇敢，有下等的勇敢。天下有了中正之道，敢于挺身捍卫；古代的圣王有正道传下来，敢于贯彻执行他们的原则精神；上不依顺动乱时代的君主，下不混同于动乱时代的人民；在仁德存在的地方不顾贫苦穷厄，在仁德丧失的地方不愿富裕高贵；天下人都知道他，就要与天下人同甘共苦；天下人不知道他，就岿然屹立于天地之间而无所畏惧：这是上等的勇敢。礼貌恭敬而心意谦让，重视中正诚信而看轻钱财；对于贤能的人敢于推荐而使他处于高位，对于不贤的人敢于把他拉下来罢免掉：这是中等的勇敢。看轻自己的生命而看重钱财，不在乎闯祸而又多方解脱苟且逃避罪责；不顾是非、正误的实际情况，把希望胜过别人作为自

荀子

己的心愿：这是下等的勇敢。

另外，荀子曾在《荀子·荣辱》篇里提到有以下4种“勇”的类别：

第一种是“狗彘之勇”，即“争饮食，无廉耻，不知是非，不避死伤，不畏众强，恈恈然惟饮食之见”。意思是说，争夺饮食，没有廉耻，不知是非，不知逃避死伤危险，不害怕众人的强大，贪婪地只看到吃喝，这是猪与狗的勇敢。

第二种是“贾盗之勇”，即“为事利，争财货，无辞让，果敢而振，猛贪而戾，恈恈然利之见，是贾盗之勇也”。意思是说，为了牟利，争夺财物，没有辞让之心，果断狠毒，唯利是图，这是商人与盗贼的“勇”。

第三种是“小人之勇”，即“轻死而暴，是小人之勇也”。意思是说，小人的勇敢，其表现便是轻视生命而又暴虐。

第四种是“士君子之勇”，即“义之所在，不倾于权，不顾其利，举国而与之不为改视，重死持义而不桡，是士君子之勇也”。这句话中的“士”是读书人，“君子”是有道德修养的人。意思是说，这一种人往往只站在正义的立场上，不倾慕权势，不贪图利益，便是全国人都一起反对他，也不会改变自己原有的正确想法，只为维护正义，维护公利，不屈不挠，这便是士君子的勇敢表现。

从这一番话语可以看出，荀子所说的“狗彘之勇“、“贾盗之勇”、“小人之勇”三者，都是与“利”密切相关的，无论哪一种往往都只是从自己的利益出发考虑问题，而不顾及他人的利益，而且还会危及他人。显而易见，这三者都是不可取的，更谈不上勇德。而“士君子之勇”则不然，不图私利，不危及他

人，以大义为重，这是儒家的理想人格，便可称得上勇德了。换句话说，士君子是儒家的理想人格，具有较强的道德观，在《论语·为政》篇中有千古名句“见义不为，无勇也”，士君子的“勇”原本就不是为了己身、私利的。

东晋时期，有位士大夫叫谢安。《世说新语》上记载，有一次，谢安与王坦之去见桓温，桓温让郗超躲到自己的卧帐之内偷听，参与决断。不料一阵风吹来，掀开帐布一角，郗超这位老熟人曝光在谢安眼皮底下。郗超是桓温的红人啊，但没想到两人亲昵如此。谢安幽了郗超一默：“郗生真可谓是入幕之宾啊。”当时把郗超搞得无地自容，恨不得钻地洞。这时候的谢安，看到了什么？也是因为一阵风吹过，他得以看见那些临时搭建的帐篷后面，埋伏着许多手持刀斧的士兵。谢安也没和桓温客套，开门见山地对桓温说：“我经常听别人说，那有道的诸侯，都将兵士布置在边境之上，明公你为何要把这些士兵安排在幕后呢？”这话说得桓温一怔，他本来是想先吓一下谢安的，因为是谢安首先做了“对不起”他的事啊！没想到，反让谢安将了他一军：你桓温不坐守方镇，却带兵入朝，是不是想以下犯上，篡夺皇位啊？桓温也是明白人，他反应快，尴尬地笑了笑说：“我这不也是没办法吗？有时候也不得不防啊！”说着，就马上撤走了刀斧手，亲热地拉着谢安闲谈起来了，而且越谈越起劲，越谈越轻松，直把众人看得目瞪口呆。谢安之所以敢于质问桓温，一方面，他看准了自己是占理的，也就是说，保卫司马皇权是忠心耿耿的光彩事业，而桓温篡位逼宫永远是大逆不道的阴谋，这是谢安的底气所在，是他的正义之源。在这则故事当中，谢安遇险表现得非常平静，有一种临泰山崩于前也不变色的“君子之勇”，越是身处险

谢安
桓温

境，就越是理智和波澜不惊，令人叹服。

第四节 宋明理学家:义理之勇

宋明理学家们在孔孟思想的基础上，进一步把“勇”分成“义理之勇”和“血气之勇”。

所谓“义理之勇”，是指为维护道义、匡扶正义而产生的勇气，如明辨是非、坚持真理、不屈不挠等。西汉的开国功臣韩信遇事表现出了“义理之勇”。大家一定听过“胯下之辱”的故事，记于《史记·淮阴侯列传》。韩信很小的时候就失去了父母，主要靠钓鱼换钱维持生活，常常受到周围人的歧视与冷落。一次，一群恶少当众羞辱韩信，有一个屠夫对韩信说：“你虽然长得又高又大，腰里还挎刀配剑，有什么能耐？我看其实你胆子小得很。”这时有很多人围上来看热闹，于是这个屠夫就更来劲儿了，指手画脚地冲韩信说道：“有本事的话，你敢用你的配剑来刺我吗？如果不敢，那就从我的裤裆下钻过去。”说完，叉开腿，叉着腰，得意洋洋。韩信自知形只影单，硬拼肯定吃亏。于是，当着许多围观人的面，从那个屠夫的裤裆下钻了过去，围观的人哄堂大笑，有人还骂韩信是胆小鬼。后来韩信受刘邦重用，拜为大将军，统兵北上。在和赵王的决战中，韩信大智大勇，以几万兵力打败了赵王20万军队，消灭了赵国，接着又平复了燕、齐。与刘邦会合，消灭项羽于垓下。韩信先被封为齐王，后又被封为楚王。相传韩信富贵后，路过家乡时，找到那个屠夫，屠夫很害怕，以为韩信要杀他报仇，没想到韩信不但没杀他，还给他一个小官做，他对部下说：“我现在可以杀了这个人，当年同样

也可以。但当年我若杀了他，就要给他偿命，怎么建功立业呢？不能因小失大，所以当时就忍了下来，不然又怎么会有今天？”说完就哈哈大笑。

而“血气之勇”则是由于一时冲动而产生的勇气，如行事鲁莽霸道，打架斗殴之类的暴力行为，这种“勇”缺乏理性，也可称之为“莽夫之勇”。《水浒传》第十二回有“汴京城杨志卖刀”的故事。话说杨志在汴京城花光了钱，衣食无着落，只好拿祖传的宝刀到市场上去卖，没想到碰上无赖牛二。牛二在这一带横行霸道，无人敢惹。他看上了杨志的宝刀，又不想花钱买，于是纠缠起来。他问杨志凭什么叫宝刀。杨志告诉他，这把刀砍铜剁铁，刀口不卷，吹得毛过，杀人刀上没血。牛二不信，杨志便当场试验。先是剁一摞铜钱，从上到下，一劈两半，又拿一把头发，对着刀口一吹，头发断成两半。牛二想要看刀不沾血，杨志说可以找只狗来试。喝得半醉的牛二存心想赖这把宝刀，非要杨志杀人试试不可，还叫道：“你要是条好汉，就剁我一刀。”说完还动手打杨志，杨志见牛二欺人太甚，一气之下，捅了牛二一刀，把他捅倒之后，赶上去朝他胸口上又捅几刀，把他杀死了。结果杨志被打入死囚，多亏众人相救才免于一死。杨志怒杀牛二，痛快是痛快，但这只是逞一时之勇，不是真正的勇敢，是不可取的。与韩信相比，缺少一份理性思考，因而显得鲁莽了。这两个故事也告诉我们：“血气之勇”不可有，“义理之勇”不可无。

在我国历史上，“勇”的事例很多，它们或表现在战场上，或在政治上，或在文坛上，又或在正义、智慧、自信、宽容上。总之，先人们以他们的行动丰富“勇”的内容，诠释“勇”的内涵，他们的勇敢为历史增光添彩，同时也激励启发着后人。

楊志

第五节 霍去病：驰骋沙场之勇

看过《大汉天子2》的人都会对霍去病印象深刻，剧中这位将领不仅风流倜傥，风度翩翩，更重要的是有勇有谋，年轻有为。的确，在历史上，霍去病是位有勇有谋、不可多得的少年天才将领。元朔六年（前123年），汉武帝筹划了一场大规模的对匈奴反击战，即历史上著名的漠南之战。当时霍去病未满18岁，却主动请缨，武帝很欣赏他，于是封他为骠姚校尉随军出征。在战场上，霍去病再三请战，卫青便给了他800骑兵。霍去病凭着一腔血气，率领士兵在茫茫大漠里奔跑数百里寻找敌人踪迹。长途跋涉却还首战告捷，斩敌2000余人，而霍去病的800骑兵却全身而返。汉武帝大喜过望，遂封之为“冠军侯”，赞叹他勇冠三军。如此年轻就得到武帝赏识，可见霍去病在军事上的天赋，汉代一代名将就这样诞生了。

汉武帝对霍去病的用兵天分啧啧称奇，元狩二年（前121年）春，武帝任霍去病为骠骑将军，让他独自率领精兵1万出征，这就是河西大战。19岁的霍去病在千里大漠中闪电奔袭，打了一场漂亮的迂回战。6天中，他转战匈奴5个部落，一路猛进，在皋兰山与匈奴的卢侯王、折兰王打了一场生死硬仗。长途奔波的霍去病和他的军队迎战以逸待劳的匈奴军队，全军从上到下都视死如归，奋勇拼杀。最终，霍去病取得了最后的胜利，但同时也付出了沉重的代价。1万精兵仅有3000人回师长安，而匈奴更是损失惨重，卢侯王和折兰王都死于战中，浑邪王子及相国、都尉被俘，斩敌8960人。这场血战之后，汉王朝中再也无人质疑少年霍去病

商鞅

公元前365年，正当商鞅辅佐秦孝公酝酿变法时，一些秦国的旧贵族代表如甘龙、杜挚等人对变法并不买账，他们认为商鞅来自外国，对秦国的实际情况根本不了解，他只不过是用花言巧语迷惑了秦孝公。此刻，商鞅站了出来，和群臣展开了一场著名的“答辩会”，这就是著名的“商鞅舌战群臣”。史书上记载只有秦孝公、商鞅、甘龙、杜挚4人发言，商鞅一方，甘、杜一方，秦孝公是评委。“舌战”的中心问题是“变法”还是“不变法”。甘龙认为现行制度是祖宗传下来的，不能改，商鞅则反驳说“当时而立法，因事而制礼”（引自《商君书》），用今天的话说就是根据时代变化制定新法，按目前实际情况制定礼节。杜挚认为，用古人的法令没错，要效仿先圣。商鞅就历数那些成败君主，“治世不一道，便国不法古，汤武不循礼而王，夏殷不易礼而王”，凡是有作为的必有所创造，有所超越，陈守旧规导致衰亡，顺应时势才能大展宏图。一番滔滔雄辩，把对方驳斥得哑口无言。说服了大臣，商鞅的变法在朝廷站住了脚跟，接下来商鞅也让百姓相信了他是守承诺的，就这样，秦国进行了彻底而系统的改革。秦国的土地制度变化了，治安管理加强了，粮食产量增加了，以战功受爵，秦国的军队变成了虎狼之师。秦国由此强大起来，夺取了魏国河西之地，迫使魏国迁都大梁。甚至，那个名义上的皇帝周天子，也要如同诸侯一样向秦国祝贺。普天之下，秦国之外，已无强国。但是，任何社会实践都是要付出代价的，变法更是如此。由于变法损害了旧贵族的利益，孝公死后，继位的太子在保守派的支持下对商鞅进行了疯狂的报复，他们告发商鞅谋反，且对他施以车裂之刑，商鞅虽惨遭不幸，但他所开创的变法大业却成了顺应历史潮流的不可逆转之势，对秦朝的统一大业产生了深远的影响。

在那个诸侯割据争霸的年代，要推行自己的主张需要足够的智慧、自信与勇气。而商鞅做到了这些，他够智慧，能说服秦国上上下下；他够自信，他的变法措施在秦国实行，使秦国国富人强；他够勇气，面对旧贵族的指责毫不妥协，义正辞严，与之舌战。更重要的是，商鞅在政治上改革的这份勇气是值得肯定的，后人也是应该学习借鉴的。

第七节 韩愈、柳宗元：文坛革新之勇

不知道大家喜不喜欢读古文，在我看来，读古文是一种享受，因为你可以从有限的文字中获得无限的感受，短短几行字，就传达出无限的意境，让人回味无穷，这就是古人的智慧，今人是难以企及的。

大家应该听说过“古文运动”，它是唐代中叶及北宋时期以提倡古文、反对骈文为特点的文体改革运动。“古文”这一概念是由韩愈等人提出来的，它是相对骈文而言的。唐初文坛，仍盛行六朝以来讲求声律、词藻、典故、排偶的骈文，这种文体华而不实，形式上过分束缚，也无实用性。由于骈文存在诸多的弊端，文体改革就不可避免，不但要恢复其实用性，而且就文章艺术性而言，也需要更自由地表达思想。韩愈、柳宗元是唐代“古文运动”的代表人物。韩愈等人举起“复古”的旗帜，提倡学古文，习古道，以此宣传自己的政治主张和儒家思想。这主张得到了柳宗元等人的大力支持和社会上的广泛反应，逐渐形成了群众性的斗争浪潮，压倒了骈文，形成一次影响深远的“运动”。韩愈倡导古文，目的在于推行古道，恢复古代的儒学传统。韩

韩愈

愈说："学古道而欲兼通其辞，通其辞者，本志乎古道者也。"（《题欧阳生哀辞后》）意思是说若要向古人学习治国的道理，则要读通他们写的书、弄懂他们说的话；读通他们写的书，弄懂他们说的话的目的，就在于掌握古代的治国之道啊！所以他们的古文理论都把"明道"放在首位。所谓"道"就是儒道，文道合一，以道为主，这就是韩愈倡导古文运动的基本观点。他还将自己的主张贯彻实践，写出了大量优秀的文章，如《原毁》、《师说》、《答李翊书》、《柳子厚墓志铭》、《祭十二郎文》等，是古文公认的领袖。柳宗元在运动中地位仅次于韩愈，他也提倡文以明道，写出了大量的散体文，取得了与韩愈相当的成就，他的代表作有山水散文《永州八记》，人物传记《童区寄传》、《种树郭橐驼传》，文集《柳河东全集》。由于韩愈、柳宗元等人的提倡和实践，唐后期古文创作极盛，质朴流畅的散体终于形成，成为文坛的主要风尚。韩、柳所倡导的古文运动，在文学上利用复古的旗帜从事文学革新，从而推动了文学前进。

然而新的举措在开始时或多或少都会遭到一些人的反对，韩愈、柳宗元也是如此，他们提倡古文也是经过一番斗争的。韩愈曾说："仆为文久，每自测意中以为好，则人必以为恶矣。小称意,人亦小怪之；大称意,则人必大怪之也。"（《与冯宿论文书》）每当韩愈对自己所写的文章颇感得意时，有人一定会在一旁泼冷水，发表一些恶意的评论。韩愈小得意一下，世人的指责还会小一点；要是韩愈大大得意一下，那就不得了了，一定会遭到不少人的抨击。然而，面对时人的非难和嘲笑，韩愈毫不动摇。他"奋不顾流俗，犯笑侮，收召后学"（柳宗元《答韦中立论师道书》），不断壮大了古文运动的队伍。韩愈的学生李翱、

柳宗元

皇甫湜、李汉等人，又转相传授，推动了古文运动的开展。古文运动在韩、柳的努力倡导下取得了一定的成就，它扭转了长期统治文坛的形式主义潮流，继承了早期散文的优良传统并有所创新和发展，从而开创了散文写作的新局面，拨正了古代散文的发展方向。

第八节 蔺相如：为人宽容之勇

《史记·廉颇蔺相如列传》中记载了廉颇与蔺相如的故事，其中有我们熟悉的“完璧归赵”、“渑池之会”、“负荆请罪”、“将相和”等。这些故事不但体现了一代名臣蔺相如的机智勇敢，更体现了他为人处世上的宽容大度。

战国（前403—前221年）是一个兼并剧烈的时期，这一时期诸侯国林立，各诸侯国之间经过长时间的混战，形成了7个强大的国家，他们分别是齐、楚、燕、韩、赵、魏、秦，历史上称“战国七雄”，而在这7国当中，又数秦最强大。赵国由于特殊的地理位置而受秦威胁最大。

赵惠文王（前298—前266年）时，赵国得到楚国的一块和氏璧。秦昭王听说后，派人送给赵王一封信，说愿意把十五座城给赵国，请求换取和氏璧。秦王的意图是很明显的，他想要和氏璧，却不想拿城池去换。正当赵王犹豫不决时，宦官头目缪贤向赵王推荐其门客蔺相如，蔺相如深得缪贤器重，赵王于是接见了蔺相如。在听完蔺相如阐述其中的利弊之后，赵王决定派蔺相如带着和氏璧前往秦国。面对强秦，蔺相如毫不畏惧，始终维护着赵国的利益，于是就有了我们很熟悉的“完璧归赵”的故事。秦

王计策没得逞，和氏璧也保住了，蔺相如完成了使命。蔺相如回国以后，赵王认为他是个贤能的大夫，出使到诸侯国家能不受辱，就任命他做上大夫。

而后秦王与赵王又在渑池相会，秦王想借此羞辱一下赵王，于是命赵王弹瑟，赵王不敢推辞，只好弹了一曲。赵王弹完，秦国的御史走了过来，在简上写到：某年某月某日，秦王和赵王在渑池宴会，秦王命赵王弹瑟。蔺相如见此不悦，上前要求秦王为赵王击缶，秦王当然不肯答应。蔺相如抱着冒犯秦王的罪名以死要求秦王为赵王击缶，秦王最后妥协了，勉强在缶上敲了几下，蔺相如回头叫来赵国的御史，也把这件事情记下来：某年某月某日，赵王和秦王在渑池宴会，赵王命秦王敲缶助兴。秦国的大臣们见秦王没有占便宜，就说："请赵王献出十五座城地为秦王祝福！"蔺相如也不示弱，说："请秦王拿咸阳为赵王祝福！"一直到酒筵结束，蔺相如为了维护赵国的尊严，机智勇敢地同秦王进行了针锋相对、不屈不挠的斗争，挫败了秦国的图谋。"渑池之会"蔺相如功不可没，因此更受赵王器重，被拜为上卿。

蔺相如被拜为上卿，官位在大将军廉颇之上，廉颇因此心中很不快。他对别人说："我廉颇是赵国的大将军，是有攻城打仗的功劳的，他蔺相如有什么能耐?就靠着一张嘴，爬到我头上去了。我要是碰见他，得给他个下不了台！"蔺相如知道后，不愿意和廉颇争位次先后，于是便处处留意，避让廉颇，上朝时假称有病，以便回避。有一次，蔺相如乘车外出，远远望见廉颇骑着高头大马迎面而来，便急忙叫手下人把车赶到小巷里避开。蔺相如的门客看蔺相如这样，便以为他害怕廉颇，非常气愤。蔺相如对他们解释说："依你们看来，是廉将军厉害呢，还是秦王厉害

蔺相如
廉颇

呢？”门客们说：“当然是秦王厉害了。”蔺相如说：“对了，秦王这样威焰万丈，我却在朝堂上斥责他，侮辱他的臣子们，难道我就单独害怕一个廉将军吗？不过我想，强暴的秦国之所以不敢对赵国用兵，正是因为有廉将军和我两个人在啊，如果两个老虎相搏斗起来，那情势发展下去，一定不能一起生存，这正合秦国的心意，我对廉将军一再退让，正是以国家利益为重，把私人恩怨的小事抛在脑后啊！”蔺相如这番话，使他手下的人极为感动。相如手下的人也学习蔺相如的样子，对廉颇手下的人处处谦让。此事传到了廉颇的耳中，廉颇为蔺相如如此宽大的胸怀深深感动，更觉得自己心胸狭窄，十分惭愧。于是脱掉上衣，在背上绑了一根荆杖，到相如家请罪，并沉痛地说：“我是个粗陋浅薄之人，真想不到丞相对我如此宽容。”蔺相如见廉颇态度真诚，便亲自解下他背上的荆杖，请他坐下，两人坦诚畅叙，从此誓同生死，成为挚交，同心协力保卫赵国。廉颇、蔺相如“将相和”的故事也成为佳话，流传至今。

“宽容”是一个很简单的词，可是要真正做到却不是一件简单的事，因为你要克服内心的矛盾挣扎才能做到，而这需要巨大的勇气。有了勇气，才敢于做一些常人不能理解的事。而不管事情如何，一个人能做到宽容那是很了不起的，因为在这个过程中他超越了自己，提升了自己，他的思想境界、人生观、价值观也会发生质的变化。当你真正做到宽容时，你才会真正体会到海阔天空的感觉。

时代在前进，社会在发展，思想也在不断变化着。曾经的那些思想，现在或多或少都有了些变化。“勇”也是一样，随着时代的变迁，“勇”的精神内涵在不断丰富。“勇”作为一种道德内

涵，其表现形式是无形的、精神层面的，如具有奉献的精神，助人为乐的精神，勇于剖析自己、承认自己的不足，勇于自省，勇于检查自己的错误，勇于深刻解剖自己的缺点等等。我相信，随着社会的进步，“勇”会有更多、更深刻的思想意义。

漫漫岁月，悠悠历史，时间见证了一切，那些盛世王朝，帝王将相，那些名人伟士，丰功伟绩都在时间的冲刷下褪了颜色，留给人们的只是一个模糊的印象。而文化则不然，时间会赋予文化更深厚的底蕴，更丰富的思想内涵。无数思想先哲们在文化上倾注他们的心血、热情与期盼，正是因为这样中国的文化才会博大精深、辉煌灿烂，因为它不是一个人的智慧，而是一个民族的智慧，这也是中国人“勇”的体现——智慧之勇。

第伍章

说和

在中国文化中，“和”与“谐”同义，而“和谐”在古代是以“和”的范畴出现的。作为古典哲学的核心范畴之一，“和”的思想贯穿于中国思想发展史的各个时期和各个流派之中，积淀为中国文化的基本精神，生生不息，历久弥新。“贵和”思想不仅闪烁着东方式的哲学智慧，显示出独特的理论价值，而且在维护社会稳定、促进社会进步、推动历史发展中发挥了不可或缺的重要作用。

“和”的思想不仅仅是精华，更是最高的价值追求和最高的道德境界。而追溯其渊源，主要有两种说法：

一是认为“和”植根于我国农业文明的土壤，起始于“卜禾”。所谓“卜禾”就是人们在一定的时间里向山神、河伯、祖先奉上丰盛的贡品，祈求他们保佑五谷丰登。一些学者认为，农业实践活动使人们认识到自然界多种因素和谐统一对于农业丰收的重要意义，而“卜禾”的行为也就包含了重视自然界多种因素和谐统一的深层文化意蕴，说明“禾”与“和”是相通的，因此“和”的最早意蕴是指自然界风调雨顺，庄稼茁壮成长的和谐状态。

另一种则认为“和”最初是一个美学概念，表示味觉、听觉和视觉的适度感，即饮食调和、声音调和。早在3000多年前，中国的甲骨文和金文中就已经有了“和”字。所谓“和”，在《说文解字》中也有两种定义：一曰“相应也”，即唱和之和，最初来自音乐，如别人唱歌你来打拍子，正好和上；二曰“调也”，即多种不同的事物、成分、因素按照一定的规则和关系和谐地组合在一起。

不管哪种说法更接近事实，但“以和为贵”这一理念自其被提出就被广泛接受，只是还未真正在纲常中明文确立。而清末到

民国初，面对西方强势力量对中国的冲击，不少爱国的有识之士提出了新的道德规范，如孙中山、蔡元培等提出了“忠、孝、仁、爱、信、义、和、平”新“八德”，这是“中体西用”、中西道德精华相融合的杰作，不仅重新排列了“忠”、“孝”的顺序，有利于构筑“以国为本”的道德理念，更是将“和”以明文道德规范的形式确立下来。

“和”具体而言主要表现在以下几个方面：在人际关系上，它要求“以和处众”，也就是要和其他人和睦相处；在家庭关系上，它认为“家和万事兴”；在经营之道上，它提倡“和气生财”；在国家治理方面，它期望“政通人和”；而在国与民族之间，它则主张“协和万邦”，试图营造一个太平盛世的社会。

“贵和”不但是我们人类社会的道德观，也是自然的法则；它既是价值观，也是宇宙观。纵观古今中外，就会发现，“和谐”二字是人类始终的追求。

第一节 人与自身的和谐

“贵和”思想首先就体现在个人的修养上，也就是人与自身的和谐。正所谓“物格而后知至，知至而后意诚，意诚而后心正，心正而后身修，身修而后家齐，家齐而后国治，国治而后天下平”（《礼记·大学》），讲的就是以自我完善为基础，通过治理家庭，直到平定天下，由此可见人自我身心的和谐是多么的重要。它不仅能够提高个人素质，更能为我们到达成功的彼岸提供莫大的帮助。

要达到自我身心的和谐，知识学问是必不可少的。中国共产

秦桧

需的，国家为上的道德观是必不可少的，而作为平凡的普通大众来说，文明礼仪更能体现一个人的身心是否和谐、表里是否如一。

有位经理登了一则广告，想要找个男孩到公司来帮忙，广告刊登后，差不多有50个人来应征。经理于是从这50人中选了一位，其余的人则只好另觅他职。有位朋友问经理说:“那男孩连一张推荐信也没有，你为什么会选中那位男孩呢？”经理说:“那男孩可取的地方多着呢！当他进门时，他懂得在门前的鞋垫上将鞋底清干净，之后，又知道将门轻轻关上，这显示他做事非常谨慎。当他看到了跛腿的老人时随即将座位让给他，这显示那男孩富有爱心，能体谅他人。”经理接着又说：“他进到室内，随即脱下帽子，我问他话，也能即刻回答，这显示他注重礼节，具有绅士风度。我故意将一本书放在地上，其他应征者都好像没看见，就从书本上跨过去，那男孩却能将书捡起来，放回桌上，这证明那男孩是个有条不紊、注重纪律的人。当他在等候我面试时，安安静静的，不像其他人一样挤成一团，推推拉拉的。当我跟他谈话时，我注意到他的衣着极为整洁，头发也梳得整整齐齐的，连他的指甲也是干干净净的。我从他的言行举止判断他是最合适的人。”

这虽然是一个小故事，但也足以说明文明礼仪对我们展现良好的道德素养是多么的重要，而良好的道德素养是衡量自我身心是否和谐的必备条件之一。

第二节 家和万事兴

俗话说，“国以家为基，家以和为贵”，这足见家庭和睦的重要性。家庭的和睦与否，不仅关系着夫妻之间感情的持续，更关系着孩子的健康成长。

法国皇帝拿破仑三世，就是拿破仑·庞纳派德的侄儿，他和世界上最美丽的女人依琴尼·迪芭女伯爵坠入情网……接着，他们结婚了。他的那些大臣们纷纷指出，迪芭仅是西班牙一个并不重要的伯爵的女儿。可是拿破仑回答说：“这又有什么关系呢？”是的，她的优雅、她的青春、她的诱惑、她的美丽，使拿破仑感到幸福。拿破仑在一次哗然激烈的言论中，向全国宣布说：“我已挑选了一位我所敬爱的女人做我的妻子，我不想娶一个我素不相识的女人。”

拿破仑和他的新夫人，他们具有健康、权力、声望、美貌、爱情——一桩美满婚姻所完全具备的条件。婚姻点燃的圣火，从来没有像他们这样光亮，这样炽热。可是，没有多久，这股炽烈、辉煌的光芒，渐渐冷却下来了，终于成了一堆尘灰。拿破仑可以使迪芭小姐成为皇后。可是他爱情的力量、国王的权威，却无法制止她对他无理的喋喋不休。迪芭受嫉妒所困扰，遭疑惧所折磨，使她侮慢他的命令，甚至不许拿破仑有任何秘密。她闯进拿破仑正在处理国家大事的办公室……她捣毁了拿破仑与大臣们正在讨论中的重要会议。她不允许他单独一个人，总怕拿破仑会跟其他的女人相好。

她常会去找她姊姊，抱怨他的丈夫……诉苦、哭泣、喋喋不

拿破仑三世

休！她会闯进他的书房，暴跳如雷、恶言谩骂……拿破仑拥有许多富丽的宫室，身为一国的元首，却找不到一间小屋子，能使他宁静安居下来。依琴尼·迪芭小姐的那些吵闹就是家庭不和谐的一个表现，所带来的结果只能是夫妻之间的隔阂越来越大，感情几近破裂。

其实，家庭成员关系的不和睦，特别是父母之间如果整天硝烟弥漫的话，对孩子的负面影响是无比巨大的。据北大精神卫生研究所的研究人员分析，孩子们的神经症行为跟其家庭环境有直接关系。这其中和父母的文化程度以及是否是独生子女家庭无关，跟是小家庭还是几代同堂也没有关系，但是同家庭和睦与否有很大关系。在调查中他们发现，小学生神经症的发生率在暴力家庭中最高，离婚家庭和口角家庭次之，以和睦家庭为最低。另外家中缺乏自由及平等，也是儿童产生行为问题的重要原因。

北大精神卫生研究所的刘津博士强调，儿童良好行为模式的形成及其心理发育的成熟，需要一个稳定和有安全感的环境，父母的行为对孩子影响极大，不和睦的家庭使儿童持续处于警戒和应急状态，随即出现神经症行为或向他人发泄不满。专家们认为，这些问题如果不能及时地识别与处理，很多会迁延至成年，严重影响孩子的学业和心理发育。

《南方日报》曾报道，3名不满18周岁的少年因犯抢劫、强奸罪分别被花都区法院判处有期徒刑4年半、4年和2年半，并处罚金1000元。年仅17岁的黄强、钟权和16岁的罗军(均为化名)都是花都区人，是好朋友兼玩伴，钟和罗还是表兄弟。2000年1月8日晚，他们在外面吃足玩够后，没事可干，便在赤坭镇“大花坛”处物色作案对象，密谋抢劫、强奸。次日凌晨零时许，他们

看见被害人彭某、廖某从马路对面下车，即尾随她们至出租屋，并将她们劫持到附近一柴房旁，以言语威胁、扼颈、搜身、殴打等手段，抢去两人钱物共值697元。之后又将两名不满18岁的受害人劫持到附近大厦楼顶天台处，由黄强、钟权分别对她们实施强奸，罗军协助钟权对廖某实施强奸，由于廖某诈称有性病，钟权强奸未遂。经对20多宗青少年犯罪案件的调查，花都区法院发现，该区青少年犯罪人群中，以外地到花都打工但找不到工作的人员为主，本地犯罪青少年则以小学、初中辍学后无所事事者居多。这些青少年走上违法犯罪道路，均是由于家庭不和睦或父母性格粗暴，管教子女不得法和交友不慎造成的。

在现代社会，很多父母给孩子们的大多都向物质方面倾斜了，却忽略了他们精神上的培养，以至于酿成许多无可挽回的悲剧。我们知道一个家庭的和睦，是家庭成员共同努力的结果，如果缺少一个成员的努力，家庭的和睦就是一句空话。古人说得好，“一个巴掌拍不响的，两个巴掌才拍得响的”，更何况家庭的和睦。那么应该怎样做才能使家庭和睦呢，我们可以按角色来大概地总结一下。

作为较为年长的爷爷、奶奶们，他们所扮演的角色不仅仅只是颐养天年这么简单，在享受天伦之乐的同时，老人更应该有一颗宽容之心。众所周知，在许多家庭里存在着公婆与儿媳之间的矛盾，要避免与儿媳发生争吵，老人应该用一种宽容善待的态度来对待她们，将她们当作自己的亲生儿女，这样能拉近家庭成员之间心与心的交流。

而作为家庭顶梁柱的父母，上有老下有小，再加上工作的压力，难免会出现对家人不满的情况，但是要学会控制自己的情

绪。对待老人，要尊敬他们，更要读懂他们的心愿，走进他们的世界。曾有一位妻子和丈夫去看公婆，但是她只带了一幅很旧的画，丈夫很不理解，然而当老人看到那幅画时却激动地说："这是我这辈子收到的最好的礼物。"原来那是老人的一位故人留下的，睹物思人让老人热泪盈眶，更让老人体会到被理解的欣慰。在对待孩子时，父母也更要走进他们的世界，不要让"代沟"有机可乘。父母应该多关心孩子的精神状态，物质不是主要的，精神才是真正的财富，才是父母亲和孩子之间爱的永恒载体。

除了长辈，做子女的也应该为家庭的和谐奉献出自己的力量。当父母争吵或冷战时，我们可以小小地利用一下自己的智谋让他们重归于好；当父母劳累时，我们可以为他们做一些力所能及的事来缓解一下父母的疲乏；当父母试着走进我们的世界时，我们也应该敞开心扉拥抱生养我们的父母，让"家和万事兴"的理念深入每个家庭成员的心中。

第三节 构建和谐社会

儒家代表人物之一的荀子早在2000多年前就指出，人"力不若牛，走不若马，而牛马为用，何也？曰：人能群，彼不能群也"。也就是说，人在某些方面的能力虽然不如动物，却能主宰它们，原因在于人"能群"，即能组成社会群体。在现实社会中，每个人都是社会的一部分，不能脱离社会群体而存在，而国家提出"坚持以人为本，努力构建和谐社会"的战略目标既继承了古代社会的和谐观，也为建设共产主义社会打下了一定的基础，体现了对人类理想社会的美好追求。无论过去还是现在，在我们身边，很多平凡的人

荀子

们都在用自己的一言一行为和谐社会贡献出自己的力量。

北京一名普通的公交售票员李素丽在近20年的售票工作中，真情为他人，用真情架起了一座与乘客相互理解的桥梁，把微笑送给四面八方，被广大群众誉为“老人的拐杖，盲人的眼睛，外地人的向导，病人的护士，群众的贴心人”，体现了公交“一心为乘客，服务最光荣”的行业宗旨，赢得了广大乘客的尊敬和爱戴。她以强烈的首都意识、服务意识和公交窗口意识，在三尺票台和车厢服务中，把党的关怀、社会主义道德风尚，传送到每个乘客的心坎上，净化了社会风气和人们的心灵，把流动的车厢变成了展示首都精神文明的窗口。

李素丽在服务中，给自己定了一个标准：不让乘客别扭着坐在她的车上，更不能让乘客不高兴地走下她的车。李素丽在60路公交车当售票员的时候，一天，车子驶进磁器口站，李素丽看到站上候车的人群中，有一位拄拐杖的老人。她急忙对老人说：“大爷，您别急，我这就来背您上车！”说着，李素丽走下票台，把老人背上了车，安置在靠近车门的座位上。老人衣衫褴褛，身上散发着一股呛人的气味，几位站在他旁边的乘客悄悄地躲到了一边。起初老人并没察觉，车过崇文门路口时，老人问身边的一位女乘客：“同志，这是什么地方？”女乘客瞥了老人一眼没说话。看到这种情景，素丽心里一酸，她赶忙接过话茬说：“大爷，您从前来过北京吗？这儿就是原来的哈德门，现在是崇文门。您再往前看，那就是前门楼子。”老人沉默着，没有说话。李素丽知道老人的心被刚才的事刺痛了，心想，大爷来趟北京不容易，他心里不知道有多么热爱北京呢，我绝不能让老人就这样难过地坐在我的车上，更不能让他对北京人留下不好的印象。于是，每到一处，素丽都主动热情地

李素丽
RW

向老人介绍名胜古迹。渐渐地，老人的脸上有了笑容，一边听，一边点头。临下车时，老人拉着素丽的手说：“姑娘，你的心眼好啊！大爷忘不了你。”

李素丽的行为如春风般温暖着众人的心，将“和谐”二字体现得淋漓尽致。而2011年感动中国十大人物之一、被人誉为“雷锋传人”的郭明义，也是秉承着服务于人民的理念，用自己的力量为和谐社会添砖加瓦。

郭明义是辽宁鞍山人，1982年复员到齐大山铁矿工作。1996年至今，任齐大山铁矿生产技术室采场公路管理员。入党30年来，他时时处处发挥先锋模范作用，在每个工作岗位上都取得了突出的业绩。从1996年开始担任采场公路管理员以来，他每天都提前2个小时上班，15年中，累计献工15000多小时，相当于多干了5年的工作量。工友们称他是“郭菩萨”、“活雷锋”，矿业公司领导则称郭明义使整个“矿山人”的精神得到了升华。

他20年献血6万毫升，是其自身血液的10倍多。2002年，郭明义加入中华骨髓库，成为鞍山市第一批捐献造血干细胞志愿者。2006年，郭明义成为鞍山市第一批遗体和眼角膜自愿捐献者。1994年以来，他为希望工程、身边工友和灾区群众捐款12万元，先后资助了180多名特困生，而自己的家中却几乎一贫如洗。一家3口人至今还住在鞍山市千山区齐大山镇，一个上世纪80年代中期所建的、不到40平方米的单室里。

郭明义曾先后获部队学雷锋标兵、鞍钢劳动模范、鞍山市特等劳动模范、全国无偿献血奉献奖金奖、中央企业优秀共产党员、全国“五一劳动奖章”等荣誉称号，是鞍山市无偿献血形象代言人。在感动中国十大人物颁奖会上，他的颁奖词是：他总看别人，还需

郭明义

要什么；他总问自己，还能多做些什么。他舍出的每一枚硬币，每一滴血都滚烫火热。他越平凡，越发不凡，越简单，越彰显简单的伟大。

和李素丽、郭明义一样，在2010年的上海世博会上，无数志愿者怀着一股强烈的民族自豪感服务于世博，为世博会的顺利开展增添了有力的保障。在这些志愿者中，有一些人为替世博尽一份自己的心力而放弃了自己的安逸。

被称为“用语言传播中国文化的美丽使者”的付蓉蓉，1986年出生于玉山县，毕业于上饶市二中。2003年，她被时任江西省委书记的孟建柱夸奖英语口语好；2006年，她获得上海高级口译证书，成为南昌大学外国语学院获得高级口译证书的第一人；2007年，她从华语地区5万多考生中脱颖而出，成为英国巴斯大学同声传译专业华语地区7名研究生之一；2010年上海世博会上，她放弃25万的年薪为世博上意大利、新西兰等十几个国家馆做翻译。

而一些由于各种因素不能成为世博志愿者的人则在用另一种方式为世博尽心尽力。上海久隆模范中学初三学生肖梓晗2007年参加“上海市小志愿者（未满16周岁的中小学生）大赛”，经过初赛、复赛、决赛层层选拔，最终脱颖而出荣获金奖，自此和世博结下不解之缘：参加各类世博宣传活动，成为“小志愿者世博宣讲团”的骨干，还利用假期到社区普及世博知识。

2009年暑假，“小志愿者世博宣讲团”到杭州、南京、扬州、合肥等地，与当地的青少年活动中心联手宣传世博会，还自创了快板书《上海连接你我他》。因为年龄不够，做不成世博注册志愿者，但肖梓晗觉得，“小志愿者”同样也能为世博作“大贡献”！

他们都是很平凡的大众，他们都在我们身边，他们的一言一行

付睿容

都在为我们诠释着何为“和谐”。构建和谐社会的道路是漫长的，但是只要用心播撒下爱的种子，总会有收获和谐人间的一天。

第四节 人与自然的和谐

在中国传统的“贵和”文化体系中，追求人与自然的和谐相处一直是人们所向往的理想生存境界。在对待自然方面，我们古人讲究“不违农时，谷不可胜食也；数罟不入池，鱼鳖不可胜食也；斧斤以时入山林，材木不可胜用也”（《孟子·梁惠王上》），也就是说要根据季节时令来进行农作生产，更不能竭泽而渔。但是，随着经济社会的发展以及人类认识自然、改造自然能力的提高，“天人合一”的呼声渐渐微弱并日益被“人定胜天”的张扬思想所湮没。

在工业化时代，我们把“人定胜天”断章取义地理解为人“必定”、“一定”能够战胜自然，从而导致人类盲目甚至疯狂地向自然界开战。大规模砍伐森林、破坏草场、围湖造田、掠夺性开发各种不可再生资源和肆意攫取各种野生动植物资源，这些都使经济的发展受到了严重的遏制，而我们也受到了大自然的报复和惩罚。在后工业化的现在，我们在痛定思痛之后提出了构建人与自然和谐相处的方针，主张建设资源节约型、环境友好型社会，坚持可持续发展战略。

2002年6月至8月，又是藏羚羊一年一度迁徙产仔的时节。此时，青藏铁路的建设也是如火如荼。繁忙的施工景象让准备产仔的藏羚羊徘徊不前。得知了该情况，中国第一个民间自然生态保护站——索南达杰自然保护站的志愿者建议在藏羚羊的迁徙季节在固定的时段、固定的地点停止施工，工程车辆停止行驶，为藏羚羊提

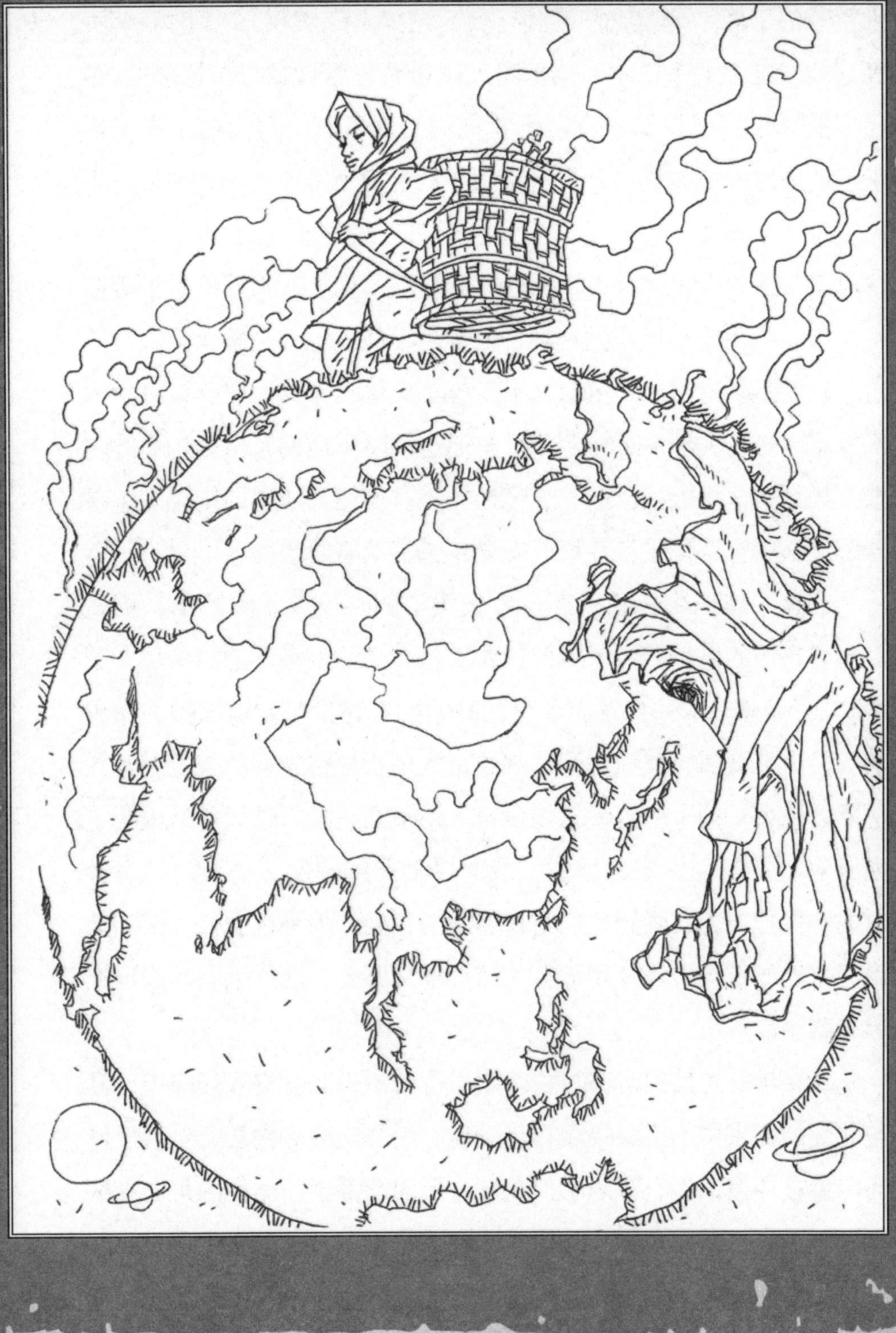

供暂时的宁静，帮助它们顺利迁徙。建议书递交仅3个小时后，负责该地段施工的中铁十二局负责人就带着青藏铁路总指挥部的3名环境监理来到保护站，就停工让道的具体事宜进行商榷。在工期紧、任务重的情况下，青藏铁路的建设者们不惜蒙受巨大损失，当即决定立刻停工。同样的一幕还在重演。2003年8月中旬，施工单位停工了五六天，建设人员采取降低缓坡高度、派人巡逻看护等措施，想让藏羚羊早日通过路基，但藏羚羊似乎也在考验建设人员的耐心，迟迟不肯通过。情急之下，施工单位给青藏铁路建设总指挥部发了一份《关于请求协调藏羚羊通过铁路工地的紧急报告》的电报。如今，这份电报早已“名声远扬”。当然，故事的结尾是，藏羚羊逐渐适应了环境，并最终安全越过了铁路路基。

在这个案例中，铁路建设者们关心的不仅仅是藏羚羊，更是对自然环境的保护。为了减低铁路工程对高原生态环境的破坏，国务院在2003年3月10日发表了《西藏的生态建设与环境保护》白皮书。白皮书披露，政府对青藏铁路全线用于环保工程的投资高达12亿元人民币，创下中国铁路建设史上的最高纪录。这很好地说明了国家对生态环境保护的重视，然而尽管国家制定了一系列的方针政策来保护环境，呼吁人们与自然和谐相处，但乱砍滥伐、围湖造田、过度放牧等破坏环境的行为依然屡禁不止，而产生的后果也充斥着悲剧性。

2010年8月7日22时许，甘南藏族自治州舟曲县突降强降雨，县城北面的罗家峪、三眼峪泥石流下泄，由北向南冲向县城，造成沿河房屋被冲毁，泥石流阻断白龙江，形成堰塞湖。据中国舟曲灾区指挥部消息，截至21日，舟曲“8·8”特大泥石流灾害中遇难1434人，失踪331人，累计门诊人数2062人。如此悲惨的灾难事件，究

其原因就是由于当地为了经济发展而砍伐大量森林植被，导致水土流失极为严重，自然灾害不断，加之这次大雨，终于酿成了大灾。有“陇上小江南”之称的甘南舟曲县向来以山清水秀闻名于世，滔滔白龙江横穿全县，宛如飘逸的哈达，穿林海，越深谷，增色不少。然而，随着社会生产活动的加剧，舟曲县水土流失日趋严重，白龙江流域的自然生态环境发生了恶性变化，由此诱发的洪水、滑坡、泥石流灾害不断，严重威胁着当地居民的生存安全。舟曲境内过去一直森林茂密，近50年以来，从1958年“大跃进”时期开始，这里的森林资源遭受到掠夺性破坏。据统计，从1952年8月舟曲林业局成立到1990年，累计采伐森林189.75万亩，许多地方的森林成为残败的次生林。加上民用木材和乱砍滥伐、倒卖盗用，全县森林面积每年以10万立方米的速度减少，植被破坏严重，生态环境遭到超限度破坏，水土流失极为严重。近年来舟曲也是生态灾害不断，可当地依然不予以重视，不采取有效的保护森林的措施，森林植被每年都遭到进一步破坏，终于导致了这次灾难。

不仅仅是舟曲，还有内蒙古日益严重的风沙、滇池越来越少的水面、高悬的地上黄河等等，都在每时每刻地警示着人们应与自然和谐相处，绝不能以自然为代价来换取经济的发展，这无异于杀鸡取卵。

地球是人类的共同家园，但人类的活动却对地球造成了严重的破坏。生物赖以生存的森林、湖泊、湿地等正以惊人的速度消失；煤炭、石油、天然气等不可再生能源因过度开采而面临枯竭；能源燃烧排放的大量温室气体导致全球气候变暖，由此引发的极地冰盖融化、海平面上升等问题威胁到人类的生存发展。保护地球资源环境、寻求可持续发展模式已刻不容缓。

正是由于人们逐渐认识到了人与自然和谐的重要性，环境保护运动也慢慢在世界范围兴起。众所周知的世界地球日就是在这样的前提下孕育而生，它提醒着人们重视保护地球环境，制止生态恶化，每一位地球居民都应为捍卫地球环境、改善地球环境作出贡献。自然界的和谐状态是“贵和”意识发生的基础，人们在对自然物质世界的观察中逐步认识到物质世界的多样性、变化性、和谐性与统一性，而正是这些催生了“贵和”意识的萌芽。我们要用从自然界得来的启示反馈到人与自然的关系中，坚持和谐思想，做到人与自然的和谐相处。

第五节 世界和谐

从国际关系的角度来看，“贵和”思想也可以被视为处理民族及国家之间关系的法则。中国人民一直认为“和”是解决国与国之间冲突的原则，主张“协和万邦”。“协和万邦”的说法最早出自于《尚书·尧典》中，随着《尚书》被尊为儒家经典，其所主张的处理邦国、族群间关系的准则也就逐步成为封建统治者处理民族、国家间关系的法则。

早在1953年12月底，“和平共处五项原则”就由中国政府提出，并与印度和缅甸政府共同倡导在建立各国间正常关系及进行交流合作时应遵循此基本原则。半个世纪以来，“互相尊重主权和领土完整、互不侵犯、互不干涉内政、平等互利和和平共处”五项原则不仅成为中国奉行独立自主和平外交政策的基础，而且也被世界上绝大多数国家接受，成为规范国际关系的重要准则。

“和平共处五项原则”不仅解决了中印、中缅之间甚至是世

界各国之间的诸多难题，更将传统“贵和”思想中的精华部分运用得恰到好处。事实上，“和平共处五项原则”除了“和平共处”的精神之外，还有一个更为重要的前提，那就是“和而不同”，只有接受相互之间的不同，才能让世界真正充满和平。正因为如此，在1955年的亚非万隆会议上，周恩来总理提出了著名的“求同存异”方针。

与此异曲同工的是，邓小平为了解决历史遗留的港、澳、台问题而提出“和平统一、一国两制”的伟大构想。他主张用“对话”而非“对抗”去化解年积月累、错综复杂的矛盾，倡议在“一个中国”这个至高无上的原则下实行社会主义与资本主义“两种制度”，主辅相成，长期并存。其目的是争取早日结束令亲者痛而仇者快的分裂局面，组成一个以“振兴中华”为共同纲领的和衷共济大家庭。这个构想在实践进程中，虽然遇到许多意料之中和意料之外的困难、障碍，但因它合乎“和平、发展”的时代主流，合乎中华民族的根本利益和亿万同胞的共同意愿，所以经过艰苦卓绝、刚柔有节的斗争，终于迎来了香港和澳门回归的盛大节日。相信在不久的将来，台湾问题也终能在和平的方式中回归祖国的怀抱。

其实，纵览古今中外，国与国之间的和谐相处不胜枚举，如郑和7次下西洋。这不仅是世界航海史上的壮举，也自始至终贯彻着“贵和”的精神。郑和是我国也是世界历史上的伟大航海家，郑和的远航，增进了我国同亚非各国的友谊。船队所到之处，大都受到热烈欢迎。如第一次远航到达占城，受到国王、臣民击鼓相迎。船队用金银宝货、丝绸和青瓷碗盘等货物，从各国换回珠宝、香料和药材以及珍奇异物。郑和的远航，促进了中国和亚非各国的经济交流。郑和下西洋时，邀请各国来华访问。永乐时

期，渤泥、满剌加、苏禄等国的国王、王后、使臣和商队，络绎不绝地来到中国的南京、北京，有时随行人员达500多人，明朝政府盛情设宴款待，还赠予许多礼物，并把他们送来的礼物陈列在文华殿里。当苏禄国王在归国途中病逝于山东德州时，明成祖下谕旨以王礼安葬于德州城北。这是明代中外友好关系发展的一个突出事例，郑和下西洋，促进了我国同亚非各国的友好交往，可以作为世界和谐的典型事件。

除此之外，还有曾轰动国际舆论的中美乒乓外交，它让中美两国为世界和平作出了贡献。1971年3月到4月在日本名古屋举行第三十一届世界乒乓球锦标赛。比赛开始第一天，中国队乘巴士从住地去体育馆时，美国队员科恩在体育馆训练了太久，就快到比赛的时间了，她看到了外面还有一辆车，就上了车，但一上车却发现登上了中国队的车。当时中国队员庄则栋主动上前致意并赠送礼品。这个细节被在场记者抓住，成为爆炸性新闻。4月3日中国外交部以及国家体委就是否邀请美国乒乓球队访华问题向中央请示。经过3天的反复考虑，毛泽东在比赛闭幕前夕决定邀请美国队访华。次日，美国国务院接到驻日本大使馆《关于中国邀请美国乒乓球队访华的报告》，立即向白宫报告。尼克松在深夜得知这个消息后，立即发电报给美国驻日大使，同意中方的邀请。事后尼克松说："我从未料到对中国的主动行动会以乒乓球队访问北京的形式得到实现。"1971年4月10日，美国乒乓球队代表团和一小批美国新闻记者抵达北京，成为自1949年以来第一批获准进入中国境内的美国人。14日，周恩来在人民大会堂接见美国乒乓球队时说："你们在中美两国人民的关系上打开了一个新篇章。我相信，我们友谊的这一新开端必将受到我们两国多数人民的支持。"1972年4月11日，

郑和

中国乒乓球队回访美国。

中美两国乒乓球队互访轰动了国际舆论，成为举世瞩目的重大事件，被媒体称为“乒乓外交”。从此结束了中美两国20多年来人员交往隔绝的局面，使中美和解随即取得历史性突破。1972年2月21日，尼克松访华，中美关系终于走向了正常化的道路，为世界和平带来了又一个崭新局面。

回顾历史，世界文明一路走来，战争成了破坏世界和平的主要杀手。令人唏嘘的第二次世界大战使人类蒙受空前灾难。战火燃及欧、亚、非和大洋洲四大洲及大西洋、太平洋、印度洋、北冰洋四大洋，扩展到40个国家的国土，有五六十个国家参战，作战区域面积2200万平方千米，使人类文明几乎毁于一旦。我们要以史为鉴，尽量避免战争，用和平的手段来解决争端。将“贵和”思想融入到国与国交往当中，世界必能得到宁静的和谐，发展也将更为迅速。

“贵和”思想根植于古老而深厚的中华民族文化传统之中,它是远古先民走出氏族部落以来的漫长社会实践中总结出来的智慧结晶。它在几千年的历练中构建起我们民族独特的思维方式与行为方式,为民族的发展源源不断地提供了生命的动力。

“贵和”思想作为我们民族思维和行为的基本图式，在漫长的封建社会,面对各种具体的历史背景与社会矛盾，发挥了积极的作用，作出了重要的贡献。然而，也应该看到“贵和”思想在其发展过程中，由于自身的内在矛盾因素与封建专制主义的淫威压迫，的确也曾发生过不同程度的变异，如出现了“和同不辨，以同为和”，也就是无原则的求同现象。由此而造成的危害是非常严重的，整个封建社会的历史早已作出无情的证明。